rowohlt
POLARIS

MAREICE KAISER

WIE VIEL

WAS WIR MIT GELD MACHEN UND WAS GELD MIT UNS MACHT

ROWOHLT POLARIS

Originalausgabe
Veröffentlicht im Rowohlt Taschenbuch Verlag, Hamburg,
November 2022

Covergestaltung Hauptmann & Kompanie Werbeagentur, Zürich,
nach einer Idee von Karin Lubenau
Satz aus der Hertz Pro bei Dörlemann Satz, Lemförde
Druck und Bindung GGP Media GmbH, Pößneck, Germany
ISBN 978-3-499-01027-9

INHALT

9 Wie viel?

TEIL I
15 Mein Geld
33 Das Geld
38 Arm & Reich
48 Kapital ist mehr als Geld

TEIL II
59 Erwin
67 Sara
76 Lukas
86 António
101 Elisa
116 Sven
129 Marlene
139 Papa

TEIL III
153 Die letzten Tage des Kapitalismus
183 Geldgefühle

195 Danksagung
199 Literatur
201 Anmerkungen und Endnoten

WIE VIEL

WIE VIEL? Ich hasse Geld. Und trotzdem schreibe ich dieses Buch. Oder eben genau deshalb. Warum fühle ich so viel, wenn ich an Geld denke? Ich hasse Geld – und ich will es haben. Klingt wie eine toxische Beziehung, oder? Ist es auch. Und ich habe keine Chance, sie zu ghosten. Denn Geld ist allgegenwärtig.

Geld ist Status, Geld ist Macht. Geld ist eine Chance, Geld ist ein Symbol. Geld ist eine Metapher. Geld ist Freiheit. Geld ist Sicherheit. Geld ist Druck. Geld ist Papier. Geld ist Gold. Geld macht Neid. Geld macht Möglichkeiten. Geld macht sorglos. Geld macht schlaflose Nächte. Geld macht Freiheit. Geld macht Ruhe. Geld macht Unruhe. Geld macht ungleich. Geld macht unfrei. Geld macht Arbeit. Macht Geld Glück?

Geld hat viele Namen: Zaster, Penunzen, Asche, Moneten, Marie, Moos, Pulver, Steine, Piepen, Kröten, Mäuse, Para, Patte, Cash, Lappen, Kies, Kohle. Für kaum einen anderen Begriff gibt es so viele Wörter.

Geld liegt auf der Straße, Geld liegt auf dem Konto. Geld ist dreckig. Geld macht Urlaub, Geld macht Autos, Geld macht aus Häusern Objekte. Geld macht aus Menschen Arbeitskräfte. Menschen machen Geld. Geld macht Menschen. Macht zu viel Geld Menschen schlecht?

Geld macht Gegensätze. Geld macht Hierarchien. Geld macht Gemeinsamkeiten. Geld macht Reichtum. Geld macht Armut. Geld macht Scham.

Ich schäme mich, kein Geld zu haben. Ich schäme mich, Geld zu haben. Ich schäme mich, dass es Geld gibt. Ich schäme mich, weil Geld ungerecht verteilt ist.

Obwohl Geld allgegenwärtig ist, sprechen wir selten darüber. Jedenfalls nicht so richtig: Kontoauszüge, Erbe und Mahnungen auf dem Tisch. Wir erzählen uns oft nicht einmal, wie viel Geld wir in unseren Jobs verdienen. Warum eigentlich nicht? Weil Geld für so viel mehr steht als für Münzen und Scheine. Geld regiert die Welt, heißt es. Und im Kapitalismus, unserer Gesellschafts- und Wirtschaftsform, ist das wohl wirklich so.

Kapitalismus? Kein Problem, wenn Sie nicht genau wissen, was das bedeutet. Ich werde versuchen, schwierige Wörter zu erklären. Denn ich mag Texte nicht, in denen die, die sie schreiben, voraussetzen, dass man alles schon mal gehört oder, noch schlimmer, gelesen haben müsste. Das vorauszusetzen, hat auch mit Geld zu tun. Im Kapitel «Kapital ist mehr als Geld» erkläre ich das genauer.

Im Kapitalismus wird privates Eigentum vom Staat geschützt, er greift nicht erheblich in das Wirtschaftsgeschehen ein. Über allem steht der Profit, also das Geld. Der Wert von Menschen ist verknüpft mit ihrem Geld. Und der Staat setzt auf die Eigenverantwortung der einzelnen Menschen, nach dem Motto: «Du bist deines Glückes Schmied.»

Die Frage, die sich stellt, ist: Hält der Kapitalismus dieses Versprechen? Und hält er es für alle? Einfach nur genug anstrengen, dann läuft das schon alles mit dem Geld?

In Deutschland wurde nach dem Zweiten Weltkrieg die

soziale Marktwirtschaft eingeführt. Sie ist Kapitalismus mit einem Hauch Sozialpolitik. Sozialpolitik, das bedeutet, es gibt politische Maßnahmen und Strukturen, die Menschen absichern sollen. Die soziale Marktwirtschaft beinhaltet die Grundlagen des Kapitalismus (Angebot und Nachfrage, Privateigentum, Eigenverantwortung) und soziale Sicherungssysteme, die große Ungerechtigkeiten vermeiden sollen. Aber funktioniert das eigentlich?

Die sogenannte Schere zwischen Arm und Reich wird in Deutschland immer größer (dazu im dritten Teil des Buches mehr). Durch die Corona-Pandemie und die Auswirkungen des Kriegs in der Ukraine haben wir eine Inflation – das bedeutet, alles wird teurer, Geld ist weniger wert, für dieselbe Summe können wir uns weniger kaufen. Die Auswirkungen der aktuellen Krisen spüren vor allem Menschen mit wenig Geld, während die sehr Reichen immer reicher werden. Menschen, die von Armut betroffen sind, sind auch von weiteren Krisen heftiger und schneller betroffen, zum Beispiel von den Auswirkungen der Klimakrise.

Kapitalismus ist ein System, in dem Menschen leben – und arbeiten, ein zentraler Punkt im Kapitalismus. An den Leben dieser Menschen, also an uns, an Ihnen und an mir, sehen wir, wie dieses System funktioniert. Und ob überhaupt. Oder für wen überhaupt. Darum wird es in diesem Buch gehen.

Ich habe Menschen getroffen und mit ihnen über Geld gesprochen. Über alles, wofür Geld steht – und über uns Menschen, die mit unterschiedlichen Voraussetzungen in dieses System geworfen werden.

Ich habe mit Menschen gesprochen, die mit Wärmflasche ins Bett gehen, weil ihre Heizung nicht funktioniert. Mit Menschen, die in einem Haus mit Fußbodenheizung wohnen. Mit Menschen, die ein Vermögen erben, und mit Menschen, die im Niedriglohnsektor arbeiten. Mit Menschen, die bestellen, und mit Menschen, die liefern. Mit Menschen, die von morgens bis abends arbeiten und wenig Geld haben, und mit Menschen, die von morgens bis abends arbeiten und viel Geld haben.

Ich stelle Fragen, und in den meisten steckt diese eine: Wie viel? Also: Wie viel ist genug? Wie viel ist zu wenig? Wie viel wäre gut? Wie viel bin ich wert?

Dass mir Menschen ihre Geldgeschichte erzählt haben, ist nicht selbstverständlich. Geld ist ein Tabuthema. Armut ist ein Tabuthema, Reichtum ebenfalls, wenn auch auf eine andere Art. Sogar über das Dazwischen sprechen ist schwierig. Warum ist das so? Wie können wir das ändern? Wie kann Geld ein Thema werden ohne Tabu? Das möchte ich in diesem Buch herausfinden. Und woher meine eigenen Geldgefühle kommen. Ob andere sie teilen? Oder ganz andere haben?

Geld ist die erfolgreichste Erfindung der Menschheit. Wenn wir Geld erfunden haben, können wir auch neu erfinden, wie wir damit umgehen, oder?

Es geht um Chancen, Möglichkeiten, Teilhabe. Darum, was Geld mit Menschen macht und was Menschen mit Geld machen. Und darum, was wir mit Geld machen könnten, damit es gerechter wird, für alle.

Sie sind herzlich eingeladen, mitzufühlen und mitzudenken. Und auch, Ihre eigene Geldgeschichte zu erzählen. Denn auch das kann ein Weg zu mehr Gerechtigkeit sein. Deshalb beginne ich mit meiner.

TEIL I

Wie viel kostet mein Leben?
Sag's mir, ich kann nicht zählen.

HAIYTI

MEIN GELD Der erste Pullover, an den ich mich erinnern kann, ist dunkelgrün. Die Farbe ist aber egal. Viel wichtiger war, was hintendrauf stand: *Benetton*. Ich war zwölf Jahre alt und wollte Markenklamotten tragen wie alle anderen auch. Aber im Gegensatz zu allen anderen konnten meine Eltern sie mir nicht kaufen: «Das können wir uns nicht leisten.» Irgendwann habe ich nicht mehr gefragt. Der Wunsch aber blieb.

Meine Freundin Lea trug fast ausschließlich Anziehsachen, in oder auf denen Namen standen, die als cool galten. Schuhe von *Dr. Martens*, Shirts von *Benetton*. Leas Vater war Arzt. Leas Mutter hatte wohl Mitleid mit mir, und so gingen wir irgendwann in diesen einen Laden in unserer Kleinstadt, in den ich mich sonst nie getraut hätte, und Leas Mutter kaufte ihr einen Pullover und mir den gleichen, in Dunkelgrün. Hintendrauf, über dem Po, stand *Benetton*. Ich war megastolz.

Am nächsten Tag trug ich meinen Lieblingspullover in der Schule und am übernächsten Tag auch. Dann musste ich in einer Schulstunde etwas an die Tafel schreiben, und während ich das tat, sagte mein Lieblingslehrer aus dem Off: «Oh, Mareice trägt jetzt also auch Markenklamotten.» Es war mir so peinlich. Ich trug den Pullover nie wieder.

Das Gefühl, nicht das zu haben, was die anderen haben, blieb. Aber genau das Gleiche wie die anderen, das wollte ich ab diesem Moment auch nicht mehr haben.

Was ich ebenfalls nicht haben wollte, waren die ständigen Diskussionen über Geld in meiner Familie. Stand eine Klassenfahrt an, war immer die Frage: Können wir uns das leisten? War das Auto kaputt, ging die Welt unter.

Ich komme aus einer Arbeitendenfamilie, einer Familie, in der die Eltern Arbeiter*innen sind. Meine Eltern haben beide einen Volksschulabschluss, ähnlich dem heutigen Hauptschulabschluss. Mein Vater ist gelernter Koch und arbeitete die meiste Zeit meines Lebens als Lkw-Fahrer. Meine Mutter hatte lange keine Berufsausbildung, leistete viele Jahre unbezahlte Care-Arbeit und holte eine Ausbildung als Altenpflegerin später nach. Geld war *das* Streitthema meiner Familie, ist es bis heute. Arbeit war *das* Diskussionsthema. Und Sicherheit, Absicherung – in den Augen meines Vaters war das eine Festanstellung.

Ein Mensch ist dann etwas wert, wenn er hart arbeiten kann, lernte ich. Die augenzwinkernde Drohung meiner Eltern, wenn meine Brüder oder ich keinen Bock auf Schule hatten: «Dann geht ihr im Steinbruch arbeiten.» Harte körperliche Arbeit als Abschreckung. Bildung als Ausweg. Aber nur bis zu einem bestimmten Bildungsgrad. Denn studieren sollte ich nicht: «Das können wir uns nicht leisten.»

Damit bin ich keine Ausnahme. Kinder aus Arbeitendenfamilien sollen es zwar immer besser haben als ihre Eltern. Aber gleichzeitig sind Arbeitendeneltern sehr bedacht darauf, dass ihre Kinder «was Ordentliches» machen. Ordentlich im Sinn von Ausbildung, Arbeitsvertrag, Bausparvertrag, Hausbau. Sicherheit eben.

Ich laufe bis heute vor Sicherheit davon. Arbeitsverträge unterschreibe ich immer mit Bauchweh. Die Sicherheit meiner Eltern ist nicht meine. Meine Sicherheit ist Wissen. Meine Sicherheit ist Bildung. Meine Sicherheit ist Freiheit. Im besten Fall: Entscheidungsfreiheit. Ich will entscheiden, wie ich meine Zeit verbringe. Dafür brauche ich Geld. Das anzunehmen, den Gedanken und das Geld dafür, fällt mir bis heute schwer.

Denn in den Gesprächen in meiner Herkunftsfamilie war immer klar: Menschen mit Geld sind die schlechteren, die korrupten Menschen. Vor allem die mit sehr viel Geld. Die, die sich ihren Wohlstand nicht selbst erarbeitet haben. Die, die ihren Wohlstand haben, weil andere dafür arbeiten. Denn sehr viel Geld entsteht selten durch «ehrliche Arbeit», sondern durch Glück. Es ist also nicht «verdient». Und es resultiert aus der Arbeit von Menschen wie meinem Vater.

Ich war die Erste aus meiner Familie, die aufs Gymnasium gehen wollte (und sollte – ich hatte eine Empfehlung dafür bekommen). Meine Mutter fragte: Muss das denn sein? Denn aus ihrer Perspektive reichte doch die Realschule, meine Brüder waren da schließlich auch. Ja, ich weiß, aus der Sicht von weißen privilegierten Eltern, für die gar nichts anderes infrage kommt, als ihre gut frisierten und angezogenen Pauls und Ellas aufs Gymnasium zu schicken, ist das unvorstellbar. Aber für meine Eltern hatte das Gymnasium fast schon etwas Bedrohliches. Es war eine andere Welt. Für mich auch, deshalb wollte ich unbedingt hin. Schließlich überredete meine Klassenlehrerin meine Mutter, mich aufs Gymnasium zu schicken.

Bei uns zu Hause gab es nur wenige Bücher, sie zogen

erst ein, als einer meiner älteren Brüder einen Bibliotheksausweis bekam. Bei uns gab es Kartoffeln und Soße und Fleisch. Bei uns gab es Diskussionen über Geld, weil es nicht da war. Bei uns gab es Diskussionen über Politik, weil sie Auswirkungen auf unser Leben hatte. Bei uns gab es Liebe und Neid. Bei uns gab es Werte und Streit.

Die Sommer verbrachten wir draußen, im Garten, auf den Feldern und im Freibad. Urlaub als Familie, das gab es bei uns nicht. Urlaub war Luxus, und Luxus konnten wir uns nicht leisten. Luxus war für die anderen.

Auf dem Gymnasium angekommen, ging ich mit Kindern zur Schule, deren Eltern Ärzt*innen oder Lehrende waren. Sie fuhren mit dem Fahrrad zur Schule und spielten nachmittags Handball. Ich stand um kurz vor sechs auf, um den Bus zu erwischen, der zwei Mal am Tag von unserem Dorf zur Schule fuhr. Und nachmittags fuhr ich wieder mit dem Bus zurück. Abends fuhr kein Bus mehr, deshalb kamen für mich auch keine Nachmittagsaktivitäten in der Stadt infrage.

Später wollte ich studieren, konnte aber nicht: «Das können wir uns nicht leisten.» Seitdem ich schreiben konnte, wollte ich Journalistin werden. Im Schulpraktikum mit 16 schrieb ich Filmkritiken für das Jugendmagazin der Kleinstadt, in der ich zur Schule ging. Aber ohne Studium kein Journalismus, das war mein Dilemma. Nach vielen Tränen und Schreien in Kissen fand ich mich damit ab, eine Ausbildung zu machen. Dann wenigstens irgendwas mit Medien, ich wurde Mediengestalterin.

«Der Stallgeruch kann über Karriere entscheiden», lautet die Überschrift einer Pressemitteilung des Vereins *Charta der Vielfalt*. Bei Stallgeruch denke ich an meinen

Vater, der den Sommerurlaub seines Über-Vollzeitjobs auf dem Feld bei der Ernte verbrachte statt mit seinen Kindern im Urlaub. Der mehrmals am Tag duschte, weil er entweder nach Schweiß oder nach Stall roch.

Ich selbst habe immer gearbeitet. Im Bürobedarfsladen, im Schmuckladen, putzen im Krankenhaus, kellnern im Café, Pakete packen in der Fabrik, Obst und Gemüse im Bioladen einräumen, privilegierte Leute abkassieren. Damit ich mir unbezahlte Praktika im Journalismus leisten konnte. Über meine anderen Jobs sprach ich dort nicht, ich schämte mich für sie. Dafür, dass ich sie brauchte.

Irgendwann bei einem Bewerbungsgespräch als Bildungsredakteurin – ich wusste mittlerweile, dass meine Herkunft auch ein Vorteil für meine Arbeit als Journalistin sein konnte – erzählte ich von meinem Zugang zu Bildung. Davon, dass ich immer gearbeitet und nie studiert hatte. Der Leiter des Ressorts konnte es erst nicht fassen, dann sagte er lachend zu seinem Kollegen: «Das ist ja ganz anders als bei uns Professoren-Söhnen!» Den Job bekam eine andere, studierte Person.

Während einer Hospitanz bei einer großen Wochenzeitung sollte ich in der Redaktionskonferenz vorgestellt werden. Kurz vor der Konferenz lehnte sich der Ressortleiter über den Tisch zu mir: «Wo hast du noch mal studiert?» «Nirgendwo», antwortete ich. Seine Vorstellung meiner Person fiel dann recht kurz aus. Einige Tage später während einer Ressortkonferenz scherzte der Ressortleiter mit dem anderen Hospitanten über ihre Zeit in Harvard: «Hast du deinen Harvard-Hoodie noch?»

Von 100 Kindern aus nichtakademischen Familien beginnen nur 27 ein Studium, obwohl doppelt so viele das

Abitur bestehen. Von 100 Kindern von Akademiker*innen studieren dagegen 79. Ich habe nie studiert, hatte keinen Harvard-Hoodie und den *Benetton*-Pullover nur geschenkt bekommen. Stattdessen kenne ich mich mit Kontopfändungen, Arbeitnehmer*innen-Rechten und wirklichem Stallgeruch aus. Viele Entscheidungen konnte ich nicht treffen, meine soziale Herkunft hat die Entscheidungen getroffen. Meine Herkunft hat entschieden, ob ich mir ein Studium leisten konnte oder nicht. Meine Herkunft hat entschieden, welche Bücher ich las und ob überhaupt, welche Türen sich mir öffneten und welche mir verschlossen blieben. Meine Herkunft hat entschieden, welche Pullover ich tragen kann – und welche nicht.

Der Pullover, den meine Eltern mir mitgegeben haben, besteht aus Stolz und Würde. Genäht wurde er mit der Überzeugung, dass es Dinge gibt, die man mit Geld nicht kaufen und auch nicht bewerten kann. Dass der Pullover mir oft zu klein war und manchmal gekratzt hat, ist nicht der Fehler meiner Eltern. Es ist der Fehler eines Systems, das vor allem Pullover sieht und nicht die Menschen darin und ihre Möglichkeiten.

Meine Voraussetzungen für meine Möglichkeiten: Ich bin eine weiße cis Frau[1] ohne Behinderung. Über meine Herkunftsfamilie habe ich nun schon ein bisschen erzählt. Dann gibt es noch eine neue Familie, meine. Ich bin Mutter von zwei Kindern, das erste ist im Alter von vier Jahren gestorben, das zweite ist heute neun Jahre alt und wird gemeinsam getrennt von mir und seinem Vater begleitet. Dieses Buch kann ich schreiben, weil wir uns die Fürsorgetätigkeiten teilen. Ich schreibe am liebsten und am besten nachmittags und am frühen Abend – also genau dann, wenn das Kind aus der Schule kommt oder später dann ins Bett gebracht werden will. Ohne einen zweiten Elternteil könnte ich keine (Buch-)Autorin sein, denn die Betreuung zu bezahlen, könnte ich mir aktuell nicht leisten. (Ich habe übrigens noch nie ein Buch gelesen, in dem ein Mann erklärt, dass er nur durch die Aufteilung der Care-Arbeit ein Buch schreiben konnte, na ja.) Und ohne Geld würde es dieses Buch ebenfalls nicht geben.

Dass ich dieses Buch schreiben kann, hat auch mit Geld zu tun. Und mit dem Status, der aus Geld entsteht. Nicht nur aus Geld, aber auch. Und mit den Dingen, die mit Geld zu tun haben. Die richtigen Klamotten, die richtigen Codes, die richtige Sprache. Mit einem bestimmten Status hören Menschen zu. Und ihnen wird anders zugehört.

Ich kenne das aus meiner Arbeit als Autorin und Journalistin. Menschen, die wenig Geld und einen geringen sozialen Status haben, werden oft infrage gestellt. Menschen mit Geld und Status eher nicht. Ich kann dieses Buch schreiben, weil ich einen bestimmten Status habe. Mir wird zugehört, das ist ein großes Privileg. Und es ist unfair, dass es anderen Menschen nicht zuteilwird. Auch deshalb schreibe ich in diesem Buch nicht nur meine Geldgeschichte auf, sondern auch die von anderen Menschen, die mir ihre Geschichten erzählt haben. Und ich bin dankbar, dass sie es getan haben. Das ist nicht selbstverständlich. Und doch so dringend nötig.

Dieses Buch schreibe ich in der Zeit zwischen zwei Jobs. Ich beziehe Arbeitslosengeld und habe eine Rate meines Buchvorschusses auf meinem Konto. (Autor*innen bekommen für das Schreiben von Büchern einen Vorschuss. Er soll ihnen Zeit und Raum geben für das Schreiben. Meistens leben sie aber nicht nur davon, sondern haben andere Jobs oder Projekte, die sie finanzieren – so wie ich.)

Ich habe zwei Konten, ein privates und ein Geschäftskonto. Nachdem ich meine Miete überwiesen habe, bleiben für mein Kind und mich 600 Euro im Monat. Ungefähr ein Mal pro Monat habe ich eine Lesung oder moderiere eine Veranstaltung, das Honorar kommt dann dazu. Auch an diesen Abenden brauche ich eine Betreuung für mein Kind. (Ich schreibe das vor allem, um deutlich zu machen, welche Kosten ich hätte, wenn es nicht den zweiten Elternteil zu meinem Kind geben würde.)

Ich besitze zwei EC-Karten und eine Kreditkarte, für die ich aber den Code vergessen habe. Ich bestelle mir manchmal Dinge, um mich für etwas zu belohnen, und schicke sie dann wieder zurück, weil ich weiß, dass ich sie mir eigentlich nicht leisten kann. In meinem Portemonnaie habe ich 26,88 Euro (ich habe gerade nachgezählt). Ich habe kein Erspartes oder Vermögen (sondern muss immer lachen, wenn das in irgendwelchen Anträgen abgefragt wird). Übrigens, ziemlich krasses Wort. Vermögen. Es hat zwei Bedeutungen: Besitz, aber auch die Leistungsfähigkeit oder das Können einer Person. Als Synonyme werden im Online-Lexikon angezeigt: Befähigung, Begabung, Eignung, Fähigkeit, Fertigkeit, Kompetenz, Kraft, Macht, Möglichkeiten. Das Wort klingt, als wäre man selbst verantwortlich für das eigene Vermögen. Dabei ist das in den seltensten Fällen so, aber dazu später mehr.

Als ich den Antrag für mein Arbeitslosengeld abschickte, fand ich in meinen Unterlagen (klingt aufgeräumter, als es ist) eine Auflistung meiner Versicherungszeiten. Ich bezog mehrfach in meinem Leben Hartz IV, habe aber auch immer mal wieder für ein bis zwei Jahre okay verdient. Vor allem okay, weil ich damals allein lebte, ohne Partner*in, ohne Kind, nur verantwortlich für mich selbst. Richtig viel verdient, sodass ich wirklich sorglos leben konnte, habe ich bis jetzt noch nie. Das liegt zum einen daran, dass ich durch die Zeiten, in denen ich wenig Geld hatte, immer auch Schulden gemacht habe, die ich dann in den besseren Zeiten abbezahlen musste. Ich spreche nicht von großen Schulden bei einer Bank (abgesehen vom Dispokredit, den ich eigentlich immer ausgereizt habe), sondern von Menschen aus meinem Umfeld, die mir Geld liehen, wenn ich nicht mehr weiterwusste. Viele von ihnen stehen in der Danksagung dieses Buchs.

Was für mich immer ein großer Schock war und ist: die Steuererklärung. Als teilweise selbstständig arbeitende Person weiß ich, dass ich Rücklagen für das Finanzamt brauche. Diese Rücklagen wirklich nicht auszugeben, das habe ich bis heute nicht geschafft. Genauso wenig, wie etwas zu sparen. Eine Steuererklärung bedeutet für mich noch immer ein ungutes Gefühl im Bauch beim Gang zum Briefkasten. Auch, weil es eine Zeit gab, in der ich Angst hatte, dass eine Person vom Finanzamt vor der Tür steht, wenn es klingelt. Irgendwann gipfelte meine finanzielle Situation in einer Kontopfändung, weil ich meine Schulden beim Finanzamt nicht zahlen konnte. Überstanden habe ich das übrigens vor allem, weil ich Freund*innen hatte. Die Menschen aus der Danksagung. Und weil ich eine Schuldner*innenberatung in Anspruch genommen habe, die mir über den schlimmsten Berg geholfen hat. Vor allem, indem sie mit mir Unterlagen aufgeräumt und Unternehmen angeschrieben hat, um Ratenzahlungen zu erbitten. Auch so ein Punkt, an dem ich mich viel geschämt habe.

Wo genau stehe ich eigentlich, zwischen Armut und Reichtum? Irgendwo dazwischen, würde ich sagen. Dazwischen, was meine gesellschaftliche Position angeht, und dazwischen, was Einkommensverhältnisse angeht.

Hilfreich für meine korrekte Einschätzung ist für mich ein Online-Rechner, der von *Zeit Online* entwickelt wurde.[2] Dieser Online-Rechner basiert auf einem Konzept des Bremer Soziologen Olaf Groh-Samberg. Er hat gemeinsam mit seinem Team Dimensionen von Wohlstand miteinander verrechnet: Einkommen, Vermögen, die Wohnsituation und die Jobsituation. Die Forschenden haben daraus sechs Gruppen gebildet: Armut, Prekariat (bezeichnet Menschen, die von Armut bedroht sind und wenig Aufstiegschancen haben), untere Mitte, Mitte, Wohlstand und Wohlhabenheit. Um sich selbst in einer «sozialen Lage» zu verorten, beantwortet man online Fragen. Zum Haushaltseinkommen, zum Haushaltsvermögen, wie viele Menschen im Haushalt leben, wie alt sie sind, wie groß die Wohnung oder das Haus ist, ob man zur Miete wohnt oder nicht.

Mein Ergebnis steht in einem Kästchen neben dem Rechner: «Mit Ihren Angaben befinden Sie sich in der sozialen Lage untere Mitte, so wie 12,1 Prozent der Menschen in Deutschland.» Weiter unten dann noch ein paar Beschreibungen zu dieser Lage: Menschen aus der unteren Mitte seien zu 34 Prozent politisch interessiert, besuchten zu 23 Prozent Theater und Museen und seien zu 52 Prozent zufrieden mit ihrem Leben.

Die Website habe ich mehrere Tage geöffnet auf meinem Computer, bis ich aus Versehen auf etwas klicke: «Person entfernen». Und ich sehe, dass dieser Klick meine Lage verändert. Mit dem Klick bin ich Teil der Mitte. Mit dem Klick kickte ich mein Kind aus der Berechnung. Es ist für mich so erschreckend wie einleuchtend: Der Fakt, dass ich Mutter bin, sorgt für meine finanzielle Unsicherheit. Und gleichzeitig dafür, dass es mir wichtiger ist, nicht mehr finanziell unsicher zu sein. Oder mich zumindest mit meiner Abwehr gegenüber finanzieller Sicherheit zu beschäftigen.

Verändert hat sich mein Verhältnis zu Geld erst nachhaltig, seitdem ich Mutter bin. Es ist ein Unterschied, für sich selbst verantwortlich zu sein und gerade so über die Runden zu kommen, die letzten Tage des Monats von Nudeln mit Ketchup zu leben. Oder ein Kind zu haben, das fragt: Warum kann ich das nicht haben? Oder ein Kind zu haben, dem man keine neuen Herbstschuhe kaufen kann, weil das Geld fehlt. Und es ist Herbst.

In einer für mich schwierigen Geld-Zeit stand ich mal mit meiner Tochter an einer Supermarktkasse. Als ich bezahlen wollte, funktionierte meine EC-Karte nicht. Sie war überzogen, und so stand auf dem Kartenlesegerät: «Vorgang nicht möglich». Wir mussten den Supermarkt ohne den Einkauf – unter anderem ein Eis für mein Kind – verlassen. Die Dinge für mich selbst, die ich hatte kaufen wollen, das Schamgefühl gegenüber der Kassiererin und den Menschen hinter mir in der Schlange – alles unerheblich angesichts des beschissenen Gefühls meinem Kind gegenüber. Seit diesem Tag wartet sie immer mit dem Auspacken vom Eis, bis der Bezahlvorgang abgeschlossen ist. Meine Definition von Wohlstand: kein Bauchweh haben zu müssen, wenn ich mit EC-Karte zahle. Keine Sorge haben zu müssen, dass dort «Vorgang nicht möglich» steht. Einfach

Karte hinhalten, PIN eingeben, Einkauf einpacken. Was für viele selbstverständlich ist, ist für andere Luxus.

Ein Grund (es gibt ja meistens mehr als einen) für meine unsichere finanzielle Lage, Sie erinnern sich vielleicht an den Anfang des Buchs: Mir ist Geld irgendwie unangenehm. Ich möchte am liebsten so wenig wie möglich damit zu tun haben. Damit gehöre ich zu einem Drittel der Geld-Typen. Zum «Typ Mensch, der Geld allgemein meidet», so beschreibt ihn Brad Klontz, der Geld-Typen psychologisch untersucht hat. Für diese Typen sei es vor allem wichtig, von Geld nicht korrumpiert zu werden. Darin finde ich mich sehr wieder. Neben meinem Geld-Typ gibt es noch die Menschen, die Geld verehren und die viel Zeit und Energie in die Vermehrung von Geld stecken. Die dritte Gruppe sind Menschen, für die Geld vor allem ein Sicherheitspuffer für schlechte Zeiten ist.

Mir ist Geld unangenehm, deshalb möchte ich es auch nicht verhandeln. Und – das fällt mir nicht leicht, es zu schreiben – ich denke auch, dass ich es nicht verdient habe. Woher dieser Gedanke kommt? Auch dafür gibt es mehr als eine Erklärung.

Auf der einen Seite ist das meine Erziehung, meine Sozialisierung als Kind von körperlich hart arbeitenden Menschen. Auf der anderen Seite meine Sozialisierung als cis Frau. Frauen lernen, genügsam zu sein. Nicht zu viel zu wollen. Lieb und nett zu sein. Frauen lernen nicht: Auf den Tisch zu hauen und lachend zu sagen: «Für den Lohn arbeite ich ganz sicher nicht.» Ganz abgesehen davon, dass man sich eine solche Haltung ja auch erst mal leisten können muss.

Ich frage mich: Darf ich überhaupt (angemessen viel)

Geld nehmen für meine Arbeit? Sollte ich nicht lieber dankbar sein, dass mir überhaupt jemand Geld anbietet für meine Arbeit? Denn es gibt schließlich so viele Menschen, die besser sind als ich. Bessere Ausbildungen haben, mehr wissen als ich, besser sprechen können, sich besser verkaufen. Ich warte eigentlich die ganze Zeit darauf, dass mir jemand auf die Schulter klopft und sagt: Du kannst das nicht, du gehörst hier nicht hin.

Das kommt Ihnen bekannt vor? Dann könnte es sein, dass auch Sie unter dem *Impostor-Syndrom* leiden. Der Begriff beschreibt Menschen, deren Selbst- und Fremdwahrnehmung auseinanderklaffen. Menschen, die sich bei Erfolgen denken: Ach, da hatte ich Glück. Statt die eigenen Fähigkeiten und Fertigkeiten anzuerkennen und zu wertschätzen. Diese Menschen haben Angst, aufzufliegen und dass die anderen herausfinden, dass sie doch eigentlich gar nichts können. Besonders betroffen vom *Impostor-Syndrom* sind Menschen, die einer Minderheit angehören oder unterrepräsentiert sind. Frauen, die in männerdominierten Jobs arbeiten, Kinder von Arbeiter*innen an einer Uni oder von Rassismus betroffene Menschen.

Wenn ich darüber nachdenke, warum ich Schwierigkeiten habe, Geld anzunehmen, weiß ich natürlich, dass es Quatsch ist. Diese Unsicherheit, es verdient zu haben, der Zweifel an meinen Fähigkeiten. Aber kennen Sie solche Überzeugungen, die Sie wider besseren Wissens in sich tragen? Es ist ein wirklich langer Prozess, sie zu überwinden. Was mir hilft, ist, darüber zu sprechen. Und im besten Fall dadurch zu merken, dass ich damit nicht allein bin.

Bei dem *Impostor-Syndrom* ist das definitiv der Fall. 70 Prozent aller Menschen kennen die dadurch ausgelösten Gefühle. Manchmal nur für eine gewisse Zeit im Leben, manchmal für eine sehr lange Lebenszeit. Und diese *Impostor*-Gefühle haben viel mit Geld und Einfluss und den herrschenden Machtverhältnissen zu tun. Und mit Glaubenssätzen und Redewendungen zu Geld und materiellem Erfolg, mit denen wir aufwachsen.

Sie haben sie sicher schon gehört, zum Beispiel *Geld allein macht nicht glücklich*. Die Herkunft ist unklar, es gibt diesen Glaubenssatz in einigen Sprachen, zum Beispiel *Money can't buy happiness*. Marcel Reich-Ranicki soll gesagt haben: «Geld allein macht nicht glücklich, aber es ist besser, in einem Taxi zu weinen als in der Straßenbahn.»[3] (Ich möchte ihm an dieser Stelle recht geben.)

Geld macht nicht glücklich, aber es beruhigt ist die Kurzform eines Zitats von Erich Maria Remarque, der schrieb: «Geld bringt jedoch kein Glück, aber es ist äußerst beruhigend.» So ist es in einem bekannten Buch der Wirtschaftspolitik zu lesen.[4]

Geld verdirbt den Charakter. Oder: «Geld bringt Geld», das schrieb John Steinbrink.[5] Ein unbekannter Verfasser schrieb: «Geld, sagt man, verdirbt den Charakter. Manche haben beides nicht.»

Geld stinkt nicht. Der römische Kaiser Vespasian führte einst eine Urinsteuer ein: Wer auf öffentlichen Toiletten pinkeln wollte, musste bezahlen. Sein Sohn fand das ungerecht. Da hielt ihm sein Vater das Geld unter die Nase und fragte, ob es etwa stinke. Überraschung: Es stank nicht.[6] Damit war für den Kaiser bewiesen, dass es egal ist, woher das Geld kommt – und ob man es auf unmoralischen Wegen verdient oder nicht.

Das Geld liegt auf der Straße. Schon 1902 stand im Berliner Tageblatt: «Das Geld liegt nicht nur auf der Straße, sondern es hängt auch in der Luft.» Gustav Meyrink schrieb im Jahr 1920: «‹Das Geld liegt auf der Strasse, man braucht sich nur danach zu bücken, um es aufzuheben›, ist ein alter Satz, den ich des öftern von smarten Geschäftsleuten äussern hörte, ohne dass es mir jedoch bis heute gelungen wäre, seine Stichhaltigkeit einwandfrei zu erproben. Umso mehr bin ich deshalb geneigt, die pessimistische Weltanschauung jener zu teilen, die auf den – allerdings apokryphen – Nachsatz schwören: ‹Wer sich bückt, um es aufzuheben, dem fällt die Brieftasche aus der Jacke.›»[7]

Zeit ist Geld. Im Jahr 1748 erschien das Buch «Ratschläge für junge Kaufleute», in dem Benjamin Franklin schrieb: «Remember that time is money.»[8] Im antiken Griechenland hieß es: *Zeit ist Geld, aber Geld ist nicht Zeit.*[9]

Es ist nicht alles Gold, was glänzt. William Shakespeare schrieb in «Der Kaufmann von Venedig»: «Nicht alles, was glänzt, ist Gold, / Oft hast du das sagen hören – / Manch einer hat sein Leben verkauft, / Nur mein Äußeres zu sehen. / Vergoldete Gräber umschließen Würmer. / Wärst du so weise wie kühn gewesen, / Jung in den Gliedern, alt im Urteil, / So wäre deine Antwort nicht aufgeschrieben gewesen – / Leb wohl, deine Werbung ist kalt.»[10]

Über Geld spricht man nicht nicht, man hat es. Jean Paul Getty[11], amerikanischer Ölindustrieller und Milliardär, Gründer von Getty Oil[12] und Kunstsammler, soll sehr sparsam gewesen sein. Für seinen entführten Enkel wollte er kein Lösegeld zahlen.[13]

Das letzte Hemd hat keine Taschen. Diese Redewendung ist höchstwahrscheinlich christlichen Ursprungs. Das letzte Hemd war das Totenhemd, das man im Sarg trug.

Und das hatte keine Taschen. Heißt: Man kann keine irdischen Dinge mit ins Jenseits nehmen. Wenn man stirbt, zählen kein Besitz und kein Geld, man kann es vorher ausgeben.[14]

Geld regiert die Welt. Eine Redensart, die bereits im Jahr 1616 aufgeschrieben wurde.[15] Seit 1616 hat sich zumindest daran nicht viel verändert. Geld bestimmt auf unserer Welt ziemlich viel. Was wir essen, wie wir uns kleiden, was wir arbeiten, unter welchen Bedingungen wir das tun. Wie wir unsere Freizeit gestalten, wenn wir denn Freizeit haben. Wie wir unsere Zeit gestalten, ist maßgeblich abhängig von Geld.

Das sind nur einige der Redewendungen und Glaubenssätze, mit denen ich aufgewachsen bin. Sie alle bestimmen mein Gefühl zu Geld. Mein ungutes Gefühl. Aber ich hasse Geld nicht nur, ich kann auch nicht gut mit Geld umgehen. Konnte ich irgendwie noch nie.

Um mich weiter mit dem Thema zu beschäftigen – und um meinen Geldgefühlen weiter auf den Grund zu gehen –, mache ich eine Geld-Aufstellung. Klingt komisch? Ja, das finde ich auch. Ich kannte bisher nur Familienaufstellungen.

Ich bin in Berlin-Mitte, ein Raum voller Frauen. «Das Angebot richtet sich an Frauen, die ihre Beziehung zu Geld bewusst ändern wollen», steht auf der Internetseite. Und: «Ein leichter, unbeschwerter Umgang mit Geld kann aus einer geklärten Geldbeziehung entstehen.» Das klingt gut – leicht und unbeschwert. Bisher war meine Beziehung zu Geld das Gegenteil. «Einen wunderschönen guten Abend allen Damen, die das Geld lieben», sagt die Leitung der Aufstellung. Bevor es mit meiner Aufstellung losgeht, soll ich mich vorstellen und sagen, warum ich da bin. «Ich bin Mareice und ich kann nicht mit Geld umgehen und möchte das ändern, weil ich Mutter bin», sage ich mit wackliger Stimme. Das alles vor fremden Menschen zu sagen, fällt mir nicht leicht. Ich sage, dass es irgendwie nicht zu mir passt, Geld zu haben. Und dass ich mir wünsche, keine Bauchschmerzen mehr wegen Geld zu haben. Vielleicht kann ich irgendwann gut finden, Sicherheit zu haben.

Die Leiterin fragt mich, was ich davon habe, keine Sicherheit zu wollen. Ich antworte nach einigem Nachdenken: Lebendigkeit.

Bei systemischen Aufstellungen geht es darum, Beziehungen sichtbar zu machen. Ausgewählte Personen werden in einem Raum aufgestellt und befragt, wie sie sich in ihrer Position fühlen.

Nach einem kurzen Gespräch stelle ich Personen für meine Angst, meinen Selbstwert und meine Lebendigkeit auf. Ganz intuitiv weiß ich für jede Person ihren Platz im Raum. Die Person, die mich darstellen soll, muss lachen, als ich mich für sie entscheide. Sie sagt: «Ich wusste, dass du mich auswählst. Und ich will auf gar keinen Fall du sein.» Zum Glück lacht sie dabei. Ich kann sie auch verstehen, mit mir und dem Geld ist es wirklich nicht so einfach. Ich würde auch nicht ich sein wollen. Sie sagt aber trotz des Widerstands Ja. Die Leitung stellt irgendwann auch eine Person auf, die das Geld darstellen soll. Diese Person ist mir auf Anhieb unsympathisch.

Die Aufstellungsleiterin sagt zur Person, die mich darstellt, sie soll folgenden Satz sagen: «Ich bin eine EC-Karten-Besitzerin.» Sie schafft es nicht. Sie stottert und sagt schließlich, sie bekomme eine Gänsehaut. Ich sitze daneben und grinse. Weil ich es kenne. Und eine EC-Karte ist nicht mal so schlimm. Eine Kreditkarte zum Beispiel wäre noch schlimmer. Dazu kommen wir während der Aufstellung aber gar nicht. Es geht um meine Eltern und um meine Jobs, um Verhandlungen zu Gehalt und um mich als Mutter.

Die Aufstellung dauert eine Stunde und ist zwischendurch immer wieder emotional. Für mich, aber auch für die anderen Frauen.

Am Ende der Aufstellung kann ich die Person, die das Geld darstellt, sympathisch finden. Und die Frau, die mich darstellt, kann sagen: «Ich bin eine EC-Karten-Besitzerin.» Die Person, die mich darstellt, ist neugierig auf die Person, die das Geld darstellt. Die Aufstellungsleiterin sagt, Geld sei nicht gefährlich, sondern einfach nur da.

Auf dem Nachhauseweg denke ich über diesen Satz nach. Wenn Geld einfach nur da ist, liegt es vielleicht an mir, was ich damit mache – und was das Geld mit mir macht? Und falls ja, gilt das für alle Menschen?

Aber, was genau ist eigentlich Geld?

DAS GELD Mit Geld bestimmen wir den Wert von Dingen, manchmal sogar von Menschen. Und Geld hat eine Vorgeschichte, bei der wir in der Steinzeit landen. Als Menschen in sehr kleinen Gruppen miteinander lebten, brauchten sie kein Geld. Sie tauschten Dinge und Leistungen untereinander. So lebten etwa zwanzig bis sechzig Personen zusammen in einer Gruppe[16], sie tauschten Fleisch oder Werkzeuge. Dabei gab es eine Herausforderung: Es brauchte eine «notwendige Gleichzeitigkeit der Wünsche»[17] – ein Tauschpartner musste das wollen, was die andere hatte und andersherum. Gleichzeitig war vieles «unteilbar»: Werkzeuge und Getöpfertes konnten nicht zerteilt werden, um den Wert zu verringern, wenn beispielsweise Nahrung dagegen eingetauscht wurde. Daraus entstand ein Ungleichgewicht, weil Tauschwaren nicht immer miteinander vergleichbar waren.

Noch schwieriger wurde es, als die Menschen ihre Gruppen verließen und begannen, mit anderen Gruppen zu tauschen. Man brauchte Regeln und Gegenstände, die alle akzeptierten. Werte, auf die sich alle einigen konnten. Bis sich die Tauschmittel etablierten, dauerte es viele Jahrhunderte. Sie waren abhängig von der Verfügbarkeit, von Klima und Kultur – und änderten sich immer wieder im

Lauf der Jahrzehnte und Jahrhunderte. Während in Ägypten Mandeln getauscht wurden, war es Mais in Guatemala oder Butter in Norwegen.[18]

Während ich zu Geld recherchiere, Texte und Bücher lese oder auch Podcasts höre, fällt mir etwas auf: Vor allem Männer haben sich bisher zu diesem Thema geäußert. Nun, es wundert mich nicht. Da ich aber, statt tote Männer zu lesen, lieber mit lebendigen Frauen spreche, rufe ich Annika Schlitte an. Sie ist Philosophin und hat über die Symbolik des Geldes promoviert, genauer: über das philosophische Erkenntnisinteresse von Georg Simmel. Dieser hat das Buch «Die Philosophie des Geldes» geschrieben. Mich interessieren seine Gedanken – aber vor allem die von Annika Schlitte.

Den Geschlechterunterschied bei der Beschäftigung mit dem Thema Geld findet sie nicht überraschend, sie führt ihn auf die allgemeine Verteilung zurück. Philosophen sind weiterhin meistens Männer. Schlitte weist auf den Zusammenhang von Geld und Macht hin und auf den Zusammenhang von Geld und Sexualität. In der Geschichte gab es die Vorstellung, dass Geldvermehrung durch Zins eine Art «unnatürlicher Zeugung» sei.

Die Attraktivität von Geld beschreibt Annika Schlitte mit einem Ausdruck von Georg Simmel als «Wertplus». Wenn man Geld mit einem Gegenstand vergleicht, der den gleichen Wert haben soll, hat man mit dem Geld als Summe ein Plus. Denn mit dem Geld hat man die Entscheidungsmöglichkeit, sich von der Summe verschiedene Dinge zu kaufen. Bei einer Ware hat man einfach nur die Ware. «Das erklärt den Reiz des Geldes, man hält sich damit alle Möglichkeiten offen», sagt Annika Schlitte. Das kann ich direkt nachfühlen. Es ist einer der wenigen Gründe, aus denen ich Geld haben möchte: Es schafft Möglichkeiten, und ich kann (meistens) frei entscheiden, wofür ich es ausgebe.

Annika Schlitte erklärt mir noch mehr zu Geld und Wert. Geld ist Wert. Aber was ist Wert? Geld ist ein Medium, um Wert auszudrücken. Oder auch ein Symbol für Wert. Historisch gesehen gibt es Diskussionen darüber, wie Werte entstehen. Es gab zwei Schulen: Die objektive Wertlehre sagt, Wert sei eine Eigenschaft des Objekts und bestehe etwa in einer wertvollen Substanz. Laut der subjektiven Wertlehre entsteht der Wert dadurch, dass Menschen einer Sache Wert beimessen, etwa aufgrund von Nutzenschätzungen.

Wenn wir zum Beispiel Eis auf seine Substanz untersuchen, dann steckt in jeder Eiskugel das Gleiche. Aber das siebzehnte Eis ist einfach nicht mehr so gut wie das erste, weil der subjektive Nutzen, also der Geschmack, nicht mehr so hoch (= lecker) ist. In Bezug auf Geld gibt es zwei Optionen: Man denkt, Geld sei wertvoll, weil es aus einer wertvollen Substanz besteht (Gold oder Edelmetall), oder der Wert des Geldes beruht auf einer Einigung, man hat sich also darauf geeinigt, dass dieses Objekt die Geldfunktion übernimmt. Man spricht dann dem Geld den Wert zu. Das funktioniert nur auf sozialen Vereinbarungen. Geld hat Wert, weil wir ihm den Wert beimessen.

Wert ist also etwas, das wir den Dingen zuschreiben. Geld drückt den Wert der Objekte aus. Geld ist ein Medium für subjektives Begehren – und es gibt auch Begehren, das sich auf das Geld bezieht. Annika Schlitte erklärt es so: «Wenn jemand eine superteure Uhr hat, wird die Uhr auch deshalb toll gefunden, weil man weiß, dass sie superteuer ist.» Das Geld selbst ist attraktiv und verleiht bestimmten

Gegenständen Wert. Daran sehen wir auch, wie etabliert Geld ist.

Neben dem Wert sprechen wir über einen weiteren Begriff: Preis. «Kant unterscheidet zwischen Würde als absolutem Wert und Preis als relativem Wert», sagt Annika Schlitte. Die Würde des Menschen zeichnet sich dadurch aus, dass sie absolut ist, dass sie nicht abgewogen werden kann. Wenn wir aber über Wert sprechen, dann impliziert es, dass dieser abgewogen werden kann. Interessant sind in diesem Zusammenhang z. B. Lebensversicherungen. Wie viel ist ein Leben wert?

In unserem Gespräch verweist Annika Schlitte immer wieder auf die Kulturwissenschaftlerin Christina von Braun. Sie hat das viel beachtete Buch «Der Preis des Geldes» geschrieben. Auch mit ihr spreche ich, wir treffen uns digital.

Christina von Braun sagt, Geld sei mehr als nur ein Tauschgeschäft. Sie verknüpft das Geld mit religiösen Werten. Der Kapitalismus sei in Ländern des christlichen Kulturraums entstanden, dort habe es den idealen Nährboden für das Geld gegeben und die damit einhergehende Opfer- und Fruchtbarkeitslogik des Geldes. «Beides steckt im Geld drin: Einerseits muss für das Geld etwas geopfert werden, oder es ist selbst Symbol für diesen Opfervorgang. Auf der anderen Seite kann es auch Junge bekommen, also fruchtbar werden», erklärt Christina von Braun. Diese Logik stecke auch in der christlichen Religion, am deutlichsten im Kreuzsymbol, das einerseits Hinrichtung, Tod symbolisiert, andererseits aber auch Auferstehung und neues Erblühen von Leben. Das heißt, die christliche Religionsstruktur war der ideale Nährboden, auf dem genau das, was die Geldlogik auch impliziert, sich verbreiten konnte.[19]

In ihrem Buch zeigt von Braun ein Paradox im Kapitalismus, einen «Widerspruch des Kapitalisten». Kapitalisten, so schreibt sie, stellen sich in den Dienst der Eigengesetzlichkeit des Geldes, sie empfinden sich aber dennoch als «freie, gleiche und autonome Subjekte». Dabei seien sie dem Geld unterworfen, aber «dieses Wissen darf das Geld nicht zulassen».[20] Wenn wir uns also bewusst machen, wie abhängig wir vom Geld sind, dann macht es uns vielleicht gar nicht so frei und selbstbestimmt, wie der Kapitalismus uns denken machen will.

Christina von Braun beschreibt sich selbst als Geldkritikerin, dennoch sieht sie keine realistische Alternative zum System Geld. Sie beschreibt Geld als eine Sprache, zu der alle Menschen Zugang haben. Eine Sprache, mit der wir Bahn fahren, Strom nutzen, essen können. Alle Versuche, ohne Geld zu leben, seien in exklusiven, also ausschließenden Gemeinschaften geendet.

Und ja, es stimmt, der Umgang mit Geld lässt sich relativ schnell verstehen. In der dritten Klasse steht «Geld» auf dem Stundenplan von Kindern. In dem Alter, also mit acht, neun Jahren, können die meisten Kinder mit Geld umgehen, Münzen sortieren, Bargeld zählen – zumindest in einem begrenzten Zahlenraum. Geld ist eine Sprache, die leicht verständlich ist. Und doch: Zu ihren Buchstaben, also dem Geld an sich, haben nicht alle den gleichen Zugang.

ARM & REICH Wer ist arm, wer ist reich? Und was genau bedeutet das? «Armut ist ein Mangel an Teilhabe und Verwirklichungschancen», schreibt der Wirtschaftswissenschaftler Amartya Sen.[21] Die Wissenschaft unterscheidet zwei Formen von Armut, die absolute und die relative Armut. Die absolute Armut beschreibt eine existenzielle Mangelerscheinung – den davon betroffenen Menschen fehlt es also an Mitteln für ihre Grundbedürfnisse.[22] Dazu gehört, nicht genug zu essen zu haben, kein sauberes Trinkwasser, keine Kleidung, die den klimatischen Bedingungen angemessen ist, kein Obdach, keine medizinische Grundversorgung. In Deutschland ist der Anteil der absoluten Armut gering – was aber nicht heißt, dass es keine Menschen gäbe, die davon betroffen sind.

Relative Armut ist abhängig vom Lebensstandard einer Gesellschaft und ihrem soziokulturellen Existenzminimum. Wenn Menschen nicht über genug materielle, kulturelle und soziale Mittel verfügen, um an der allgemeinen Lebensweise teilzunehmen, gelten sie als arm.[23] Das ist übrigens das erste und letzte Mal, dass ich in diesem Buch schreibe, jemand sei arm. Denn diese Formulierung legt nahe, eine Person sei einfach so arm. Pech gehabt. Oder noch schlimmer: selbst schuld. Auch zu diesem Narrativ komme ich später noch. Stattdessen schreibe ich von Menschen, die von Armut betroffen sind. Denn es ist ein Attribut, das manche Menschen betrifft und manche nicht. Und manche manchmal und später dann wieder nicht. Menschen, die über weniger Mittel verfügen, als sie brauchen, sind keine «armen Menschen». Sie sind auch nicht «sozial schwach», wenn überhaupt, sind sie finanziell schwach.

Es ist schwierig, für die Armutsgrenze allgemeingültige Zahlen zu finden. In Europa wird die Grenze oft bei 50 Prozent des Medianeinkommens angesetzt. Das Medianeinkommen ist ein mittleres Einkommen, allerdings kein Durchschnittseinkommen. Es bedeutet, es gibt genauso viele Menschen mit einem höheren also auch mit einem niedrigeren Einkommen. In Deutschland liegt das Medianeinkommen bei Menschen, die zur Miete leben, bei rund 1490 Euro pro Monat, bei Eigentümer*innen bei circa 2250 Euro.[24]

Für armutsgefährdete Menschen ist besonders bezahlbarer Wohnraum wichtig, um ihre Situation nicht weiter zu verschlechtern. Die Mieten steigen in den meisten deutschen Großstädten. Gleichzeitig nimmt die Zahl der Sozialwohnungen kontinuierlich ab. Von 2006 bis 2019 sank die Zahl von 2,09 auf 1,14 Millionen Sozialwohnungen – fast eine Million Sozialwohnungen weniger.

Die Festsetzung eines Grenzwertes bei der relativen Armut ist auch umstritten, weil es keine Definitionen gibt, die festlegen, wann gesellschaftliche Teilhabe nicht oder zu wenig möglich ist. Viele Definitionen und Zahlen, die es dazu gibt, schauen vor allem auf das Einkommen und die finanziellen Aspekte. Dabei schließen sie aber wichtige Faktoren wie kulturelle und politische Teilhabe aus.[25] Damit werden Menschen, die die Einkommensgrenze überschreiten, mitunter nicht in die Armutsstatistik hineingerechnet, obwohl sie von der relativen Armut im gesellschaftlichen Sinn betroffen sind.[26]

Wenn Menschen betroffen von Armut sind, hat das Auswirkungen auf ihr Leben: Sie werden ausgeschlossen von (guter) Bildung, sind oft verschuldet, sie leben in benachteiligter Wohnsituation oder ohne Wohnung, haben keinen oder verringerten Zugang zu Sport und anderen Freizeitaktivitäten, erfahren wenig Wertschätzung in der Gesellschaft, haben weniger Selbstbewusstsein, weniger Macht und Einfluss im Job, in Politik, Wirtschaft und Medien.[27] Und, ganz existenziell: Armut hat Folgen für die Gesundheit.

Wer von Armut betroffen oder armutsgefährdet ist, stirbt früher.[28] Vor allem geringverdienende oder erwerbslose Männer haben ein höheres Risiko, früher zu sterben als Männer aus den oberen Einkommensschichten.[29] Sie sterben bis zu zehn Jahre früher und leiden häufiger an chronischen Krankheiten.[30] Frauen sterben durchschnittlich acht Jahre früher, wenn sie armutsgefährdet sind.[31]

In Deutschland waren im Jahr 2021 16 Prozent der Menschen von Armut betroffen. Ein erhöhtes Armutsrisiko haben Alleinerziehende, Menschen mit mehreren Kindern, Menschen mit Migrationsgeschichte und Menschen ohne deutsche Staatsangehörigkeit.

Auch das Geschlecht beeinflusst das Risiko, in Armut zu leben. 2020 waren in Deutschland 24,8 Prozent aller Frauen von Armut bedroht und 23,2 Prozent aller Männer. Noch stärker geht das im Alter auseinander. Von Altersarmut sind 20,6 Prozent Männer betroffen und 24,9 Prozent Frauen. Das liegt vor allem daran, dass noch immer keine Gleichberechtigung auf dem Arbeitsmarkt erreicht ist. Durch Teilzeit- und Minijobs verdienen Frauen noch immer weniger als Männer und bekommen deshalb auch weniger Rente. Frauen übernehmen noch immer mehr schlecht bezahlte oder gar nicht bezahlte Care-Arbeit, dadurch entstehen oft auch Lücken im Erwerbsarbeitslebenslauf. Außerdem arbeiten Frauen öfter in Berufen mit schlechterer Bezahlung (übrigens wird diese auch in vormals männerdominierten Branchen schlechter, sobald Frauen mehrheitlich Jobs darin übernehmen), sie arbeiten seltener in höheren Positionen. Während Väter nach der Geburt eines Kindes weiter arbeiten wie zuvor, gehen die meisten Mütter in Teilzeit. Die Altersarmut ist auch eine Folge des *Gender-Pay-Gaps.* Dieser beschreibt den Einkommensunterschied zwischen Männern und Frauen. Die Lohnlücke zwischen erwerbstätigen Männern und Frauen betrug in Deutschland im Jahr 2020 rund 18 Prozent. Ein durchschnittlicher Mann verdient pro Stunde 4,16 Euro brutto mehr als eine durchschnittliche Frau.[32]

Wer in Deutschland weniger als 12 726 Euro im Jahr verdient, gilt als armutsgefährdet. Eine von ihnen war Susanne Triepel, die ich in Berlin-Mitte treffe. Die Mutter eines Teenagers hat gerade einen neuen Job als Eventmanagerin angefangen und öffnet mir mit Elan und einem Lächeln die Bürotür. Wir setzen uns in einen Konferenzraum und sprechen über Zeiten in ihrem Leben, in denen es anders aussah.

«Machtlos habe ich mich gefühlt, als ich einen Job verloren habe, über den ich mich sehr definiert habe. Machtlosigkeit fühlte ich regelmäßig rund um den 20. des Monats», sagt Susanne. Sie erzählt mir davon, wie es für sie war, kein Geld mehr zu haben. Auch nicht 2,80 Euro für ein Bus-Ticket. Und wie es ist, einer Erwerbsarbeit nachzugehen, von der man nicht leben kann. «Es ist frustrierend, wenn du wirklich nichts ausgegeben hast, außer für die existenziellen Dinge des Monats wie Miete, Strom, Gas, ÖPNV-Ticket, Lebensmittel, das Wichtigste an Kleidung – und damit meine ich nicht, dass man sich einen flotten Pencil Skirt von einem angesagten Designer shoppt – sondern dass man ein paar warme Winterschuhe für sein Kind kauft – und danach ist kein Geld mehr da.» Susanne findet irritierend, wie Menschen mit Geld darüber reden, dass Leute mit wenig Geld auskommen müssen. «Nein, selbst 2,80 Euro hat man eben manchmal nicht», weiß sie.

Susanne ist offen und ehrlich, auch mit sich selbst. Das ist wie gesagt eher ungewöhnlich beim Thema Geld. Über Geld spricht man nicht, haben wir alle schon mal gehört. Und vor allem spricht man nicht über Armut. Das Thema ist nach wie vor mit Scham behaftet. «Aber die habe ich verloren», sagt Susanne. «In unserer Kultur gilt ja nach wie vor, dass du durch Arbeit zu Wohlstand kommst, und das stimmt einfach nicht», sagt die Eventmanagerin. Wir sprechen über das erhöhte Armutsrisiko von Alleinerziehenden, Hartz IV und den Ausbau des Niedriglohnsektors in Deutschland. «Eine Erwerbsarbeit zu haben, ist keine Garantie mehr dafür, dass du nach dem 20. des Monats klarkommst», berichtet Susanne.

Der Armutsforscher Christoph Butterwegge schreibt: «In einer so reichen Gesellschaft wie der unseren ist Armut nicht gott- oder naturgegeben, sondern vorwiegend systemisch, d.h. durch die bestehenden Eigentums-, Macht-

und Herrschaftsverhältnisse bedingt.»[33] Der Journalist Jürgen Roth ist der gleichen Ansicht: «Armut ist selten selbst verschuldet. Armut wird erzeugt, entweder durch die Mechanismen des ökonomischen Systems oder durch konkrete politische Handlungen beziehungsweise Unterlassungen.»[34]

Apropos politische Handlungen: Entscheidenden Einfluss hatte und hat die Agenda 2010 und die Einführung der Grundsicherung, auch Hartz IV genannt. Ende 2020 bezogen fast 7 Millionen Menschen in Deutschland diese Sozialleistung, das sind 8,3 Prozent der Bevölkerung. Der größte Teil erhält Arbeitslosengeld, ein kleinerer Teil Sozialgeld. Das Arbeitslosengeld und das Sozialgeld ergeben zusammen die Grundsicherung für Arbeitssuchende. Während die Zahl der Grundsicherungsempfangenden in Deutschland sinkt, steigt die Zahl der Menschen kontinuierlich, die Grundsicherung im Alter bekommen.

Im Sozialgesetzbuch steht unter dem Punkt «Grundsicherung für Arbeitssuchende» als Paragraf 1: Die Grundsicherung für Arbeitssuchende soll es Leistungsberechtigten ermöglichen, ein Leben zu führen, das der Würde des Menschen entspricht.

Verschiedene Organisationen machen seit Jahren darauf aufmerksam, dass dieses Versprechen nicht eingehalten wird. So setzt sich der Verein *sanktionsfrei* für eine menschenwürdige Grundsicherung ohne Sanktionen ein – denn aktuell wird Menschen mit Hartz-IV-Bezug Geld gestrichen, wenn sie zum Beispiel einen Termin versäumen. Leistungskürzungen gleicht *sanktionsfrei* durch einen solidarischen Spendentopf aus und geht juristisch gegen die Sanktionen vor. Der *Paritätische Gesamtverband* kritisiert seit Jahren die Höhe der Hartz-IV-Regelsätze, denn sie würden deutlich den Betrag unterschreiten, der notwendig sei, um individuelle soziale Teilhabe zu sichern. Auch *Der Paritätische* setzt sich für die vollständige Aussetzung der Sanktionen ein.

Im Juni 2022 liegt der Regelsatz für eine alleinstehende Person bei 449 Euro im Monat. Laut *Paritätischem Gesamtverband* müsste der Regelsatz bei 678 Euro liegen, damit die Menschen armutsfest wären. Auch die *Diakonie* fordert eine Erhöhung der Regelsätze und listet auf, was in den aktuellen Sätzen nicht enthalten ist: Geld für Haustiere, für einen Weihnachtsbaum, einen Babysitter oder eine Haftpflichtversicherung. In Deutschland leben 1,8 Millionen Kinder in Haushalten, die Hartz IV beziehen, das ist rund jedes siebte Kind. Mehr als ein Fünftel aller Hartz-IV-Beziehenden erwerbsarbeitet und muss das Einkommen aufstocken. Besonders häufig sind das Alleinerziehende oder Familien mit mehr als drei Kindern. Arm trotz Arbeit – auch das gibt es im reichen Deutschland.

Und Reichtum gibt es ebenfalls. Doch er ist schlechter erforscht als Armut. Während es zu Armut viele Zahlen, Daten und Fakten gibt, sind es bei Reichtum meistens Schätzungen. Daten fehlen zum Beispiel deshalb, weil es keine Vermögenssteuer mehr gibt. «Das wahre Ausmaß an Vermögensungleichheit wird unterschätzt, weil ein wichtiger Teil des Vermögens schlicht im Dunkeln bleibt.»[35] Ein Drittel aller Vermögen in Deutschland gehört dem reichsten einen Prozent.

Die Soziologin Simone Schneider sagt: «Wir haben oft kein realistisches Bild von der Armut, aber vor allem den Reichtum unterschätzen wir drastisch. Wir erahnen gar nicht, wie reich manche sind.» Als wohlhabend gelten in Deutschland Menschen, die mehr als 126 000 Euro Nettovermögen besitzen. 1,5 Prozent der erwachsenen Bevölkerung haben mehr als eine Million Euro Nettovermögen, das sind mehr als eine Million Personen. Vermögend sind in Deutschland vor allem ältere weiße Männer ohne Migrationshintergrund aus den alten Bundesländern.[36] Geldvermögen spielt bei Millionären eine untergeordnete Rolle, ihr Reichtum besteht vor allem aus Immobilien und Anlageformen, aus denen sie dann wiederum Geld bekommen – Miete, Fonds, Verpachtungen, Gewerbebetriebe. Und die Unterschiede sind groß: Der Chef eines durchschnittlichen Dax-Unternehmens verdient 97-mal so viel wie ein durchschnittlicher Angestellter des Unternehmens.[37]

Neben Reichtum gibt es noch einen weiteren Begriff, den Überreichtum. Er geht auf den Philosophen Platon zurück, der damit Reiche bezeichnete, die nicht tugendhaft seien. Wieder ins Gespräch gebracht hat den Begriff der Autor Martin Schürz. Auch hier gibt es keine Grenze, die man bei einer bestimmten Zahl ziehen kann. Martin Schürz schreibt in seinem Buch «Überreichtum», dass keine Einigkeit darüber herrscht, was genau eigentlich «über» bedeutet. Wie viel ist zu viel? «Was Menschen unter einem zu viel und unter Reichtum verstehen, hängt von ihrem eigenen Einkommen ab: Je höher ihr Einkommen ist, desto höher liegt die Grenze, ab der sie Menschen als reich bezeichnen. Millionäre mit ein paar Millionen Euro nehmen erst Millionäre im zweistelligen Millionenbereich als reich wahr, während arme Menschen Reichtum bereits bei 100 000 Euro beginnen lassen.»[38] Eine wissenschaftliche Definition von Reichtum gibt es bisher nicht. So oder so:

Schürz sieht vom Überreichtum Gerechtigkeits- und Demokratieprinzipien verletzt: «Überreiche verfügen über Macht und prägen die Gesellschaft, in der sie leben.»[39]

Wenn man in Deutschland über Geld, Vermögen und Erbe (denn daraus resultiert ein hohes Vermögen meistens) spricht, muss man auch über den Nationalsozialismus sprechen. Denn unser Nazi-Erbe ist auch ökonomisch. Geld, das vererbt wird, stammt auch aus dieser Zeit; das gilt nicht nur für große Konzerne wie *Bahlsen* oder *Brose*, die in der NS-Zeit Zwangsarbeiter*innen ausbeuteten. Im März 2021 etablierten Moshtari Hilal und Sinthujan Varatharajah in einem *Instagram*-Live-Gespräch den Begriff «Nazihintergrund» für Menschen, die ökonomisch von der NS-Zeit profitiert haben.[40] «Dabei geht es um eine gesamte finanzielle und politische Elite, deren Macht sich in großen Teilen auf die Zeit des Nationalsozialismus zurückverfolgen lässt.»[41] Es ist also auch immer die Frage: Wessen Geld ist es, das vererbt wird? Und auf wessen Ausbeutung – oder sogar Auslöschung – basiert es?

Reichtum wird in Deutschland vor allem vererbt, und die Erbschaften verstärken die ungleiche Vermögensverteilung. Die obersten zehn Prozent aller Menschen, die erben, bekommen die Hälfte aller Erbschaften und Schenkungen. Die reichsten 20 Prozent erhalten drei- bis viermal so hohe Erbschaften wie alle anderen.[42] Erbschaften machen also vor allem die Reichen noch reicher. Und das Vermögen der Reichen wächst seit der Corona-Pandemie weiter: «Während die Wirtschaft eingebrochen ist, haben die 2700 Milliardäre weltweit im Corona-Jahr ihr Vermögen um 60 Prozent gesteigert. Was für eine perverse Entwicklung.»[43]

Im April 2022 sagt CDU-Chef Friedrich Merz: «Wir haben wahrscheinlich – jedenfalls für eine gewisse Zeit – den Höhepunkt unseres Wohlstands hinter uns.» In vielen Ohren muss das zynisch klingen. Denn von Wohlstand sind viele Menschen in Deutschland weit entfernt. Sie können nicht mal davon träumen, während Merz als Millionär wirklich nicht klagen kann. Wohlstand, das steht für den Grad der Versorgung von Menschen. Wohlstand wird bemessen anhand von drei Dimensionen: materieller Wohlstand, die Dimension Soziales und Teilhabe (Lebensqualität) und die Dimension Umwelt und Nachhaltigkeit. Also: Was kann ich mir leisten, an welchen Aktivitäten kann ich teilnehmen und in was für einer Umgebung lebe ich?

Wichtig ist auch, für den Verlauf des Buchs und uns als Gesellschaft: Armut und Reichtum sind nicht getrennt voneinander zu betrachten. «Zunehmender gesamtgesellschaftlicher Reichtum geht mit steigenden Armutsraten einher.»[44]

Was klar wird: Es geht nicht nur um arm oder reich oder um das Geld an sich, wenn man sich mit Geld beschäftigt. Es geht auch um die Dinge, die man sich mit Geld kaufen kann. Und manchmal sind es auch gar keine Dinge – sondern: Kapital.

KAPITAL IST MEHR ALS GELD Oft wird es mit Geld gleichgesetzt, beinhaltet aber noch mehr als das: Kapital. Genau, Karl Marx lässt grüßen. (Für alle, die es nicht wissen – ich gehörte lange dazu: Karl Marx hat das sehr dicke Buch «Das Kapital» geschrieben. Ich gestehe an dieser Stelle, es nicht komplett gelesen zu haben. Stattdessen aber viele Ausschnitte und den lesenswerten *Instagram*-Account @linketheorie, der «Das Kapital» in kurzen Posts erklärt – und zwar so, dass es leichter zu verstehen ist.)

Viel gelernt über Marx und seine Analysen und Ideen habe ich in der Ausstellung «Karl Marx und der Kapitalismus» im Deutschen Historischen Museum in Berlin. Besonders eindrücklich war dort die Visualisierung des Begriffs «Kapital»: Aufgebaut war ein großer Bottich mit Wasser, beschriftet mit «Kapital». Von diesem großen Gefäß gab es eine Verbindung zu einem kleinen Glas mit der Beschriftung «Lohn» und eine Verbindung zu einer Wasserpumpe, beschriftet mit «Arbeit». Betätigte man diese Pumpe – was sehr anstrengend war, man musste sehr viel pumpen für einen Tropfen Wasser –, landete viel Wasser im großen Kapital-Bottich und ein paar kleine Tropfen im Lohn-Glas. Von Arbeit profitiert also immer das Kapital und nicht zwingend die, die arbeiten.

Doch «Kapital» ist mehr als nur Geld. Das meinte auch Karl Marx. «Seiner Ansicht nach wird Kapital vielmehr in einem Prozess geschaffen, der den Tausch von Waren gegen Geld und die Abschöpfung des Mehrwerts aus Arbeit umfasst», schreibt die Autorin Katharina Pistor in ihrem Buch «Der Code des Kapitals – Wie das Recht Reichtum und Ungleichheit schafft».[45] Sie erklärt, dass es auch heute noch keine klare Definition des Begriffes geben würde: «Bis heute beharren viele Ökonomen und Bilanzbuchhalter darauf, dass Kapital etwas Greifbares sein muss; wenn man es nicht anfassen kann, ist es kein Kapital.»[46]

Nichts gegen Ökonomen und Finanzbuchhalter und auch nichts gegen Karl Marx, aber wenn ich über die Begriffe Geld und Kapital nachdenke, beinhaltet Kapital doch sehr viel mehr als das, was wir nicht anfassen können. Nämlich das, was wir brauchen, um Geld zu machen. Sprache, Bildung, Kleidung – und die Möglichkeit, das alles an die Umgebung anzupassen. Eine meiner Protagonistinnen (mit viel Geld), die Sie später im Buch kennenlernen werden, sagte dazu: «Ich kann jeden Raum betreten und ihn zu meinem machen.» Auch das ist Kapital: zu wissen, wie man sich verhält, um nicht aufzufallen. Oder auch, um aufzufallen. Sich das erlauben zu können.

Ich selbst habe lange daran gearbeitet, nicht aufzufallen. Als Journalistin ohne Studium war ich beruflich eigentlich immer umgeben von Menschen mit Studium. Die renommierte *Henri-Nannen-Schule* zum Beispiel wird derzeit nur von 5,6 Prozent Volontär*innen ohne abgeschlossenes Studium besucht.[47] Die Zahl spricht für alles, was ich im Journalismus erlebt habe. Ich war eigentlich immer umgeben von Leuten, die das gelesen hatten, was man gelesen haben muss (Marx und mehr), und die immer wussten, wie man sich auszudrücken hatte (möglichst intellektuell). Es hat lange gedauert, bis ich ablegen konnte, dazugehören zu wollen – und ich schaffe es oft nicht, dazu zu stehen, etwas nicht zu wissen, nicht gelernt zu haben – nicht aus einer Familie zu kommen, in der es Bücherregale und Platten gab.

Selbstverständlich gehört es auch zum Job von Journalist*innen, also zu meinem Job, sich zu informieren. Viel zu sehen, zu hören, zu lesen. Genau deshalb wollte ich immer genau das beruflich machen. Aber es macht einen Unterschied, ob diese Art der Information und Kultur schon immer selbstverständlicher Teil des Lebens war oder ob man ihn sich selbst erschließen und manchmal auch erkämpfen musste. Viel kann man später aufholen, wenn man möchte und die Ressourcen dafür hat. Aber diese Selbstverständlichkeit, auf etwas zugreifen zu können, die ist nicht erlernbar. Diesen Unterschied zwischen mir und anderen spüre ich oft. Und ich denke, es ist kein Zufall, dass meine Freund*innen und die meisten Menschen, mit denen ich längere romantische Beziehungen geführt habe, nicht oder nur kurz studiert haben. Meistens hatten sie auch eher wenig Geld.

Als das ein Mal anders war, habe ich mich ständig minderwertig gefühlt. Nicht, weil mir diese Person das Gefühl vermittelte. Aber ich fühlte mich einfach falsch: in einer Wohnung, in der teure Kunst hing. Bei Abendessen mit Freund*innen, die alle unglaublich gut und vermutlich teuer gekleidet waren. Bei Gesprächen über Künstler*innen, die ich gar nicht, und Urlaubsorte, die ich nur von *Instagram*-Fotos kannte. Zu der Zeit dieser Beziehung arbeitete ich in einem Bio-Supermarkt, um mir ein schlecht bezahltes journalistisches Praktikum leisten zu können. Die Klamotten, die ich bei der Arbeit an der Supermarktkasse trug, konnte ich nicht bei den Abendessen anziehen. Diese Beziehung war für mich der absolute Stress, ich habe sie deshalb nach kurzer Zeit beendet.

Ein anderes Mal, als ich über meinem sozialen Status datete (es war eine adelige Person, wie ich etwas spät erfuhr – ich bin nicht sicher, ob ich sie sonst getroffen hätte), wurde ich «enttarnt». Wir sprachen über das Studium, also nicht meines, und als ich sagte, dass ich nicht studiert hätte, sagte sie: «Das habe ich mir schon gedacht. Deine Sprache ist so eigen. Man merkt, dass du nicht auf den herkömmlichen kulturellen Kanon zugreifst.» Das sollte wohl ein Kompliment sein. Es sollte heißen, ich hätte eine eigene Sprache, etwas Besonderes. Aber für mich war es dieser Finger auf meiner Schulter: Du gehörst hier nicht her. Es hat lange gedauert, bis mir irgendwann klar wurde, dass es für mich als Journalistin und Autorin auch eine Stärke ist, mich einfach ausdrücken zu können, manche Fremdwörter nicht zu kennen oder sie zu kennen und nicht zu nutzen – damit mich mehr Menschen verstehen. Es gibt Dinge, die fallen mir nicht so leicht wie anderen, studierten Menschen. Ich werde den «herkömmlichen Kanon» nie aufholen können. Auch, weil so etwas Ressourcen braucht: nicht nur Geld, auch Zeit, Muße, Ermunterung. Die Person, die so seltsame Komplimente machte, erzählte mir in dem Gespräch, dass sie gern den Vormittag damit verbrachte, Bücher zu lesen. Das muss man sich leisten können. Zeitlich, finanziell. Denn diese Faktoren beeinflussen, welche Bücher, Filme, Musik ich kenne. Welche Sprachen ich spreche.

Ins Kino gehen, ein Buch lesen, Musik hören, zu einem Konzert gehen. Das alles kostet Geld – aber eben vor allem Zeit und Muße. Wenn mein Kopf voll mit Sorgen um meine (finanzielle) Existenz ist, setze ich mich nicht hin und lese ein intellektuelles Buch. Dann scrolle ich mich vielleicht durch *Instagram*, aber ich lese nicht Karl Marx.

Ein gutes Beispiel ist übrigens die Zeit, in der ich dieses Buch schreibe. Der Krieg Russlands gegen die Ukraine wirkt sich auch auf den Buchhandel aus. Es werden weniger Bücher gekauft – und wenn doch, eher leichte, unterhaltende Literatur. In Krisen wollen sich viele Menschen nicht mit tiefgehenden politischen Analysen beschäftigen. Und es gibt Menschen, deren Leben ist ständig im Krisenmodus, auch ohne Krieg im Nachbarland.

Ein anderer Faktor, der wichtig ist, ist, die Verantwortung für andere Menschen zu haben. Ein Buch zu lesen und gleichzeitig mit meinem Kind zu spielen, das klappt nicht. Auch Menschen, die Care-Verantwortung (meist gar nicht oder schlecht bezahlt) in ihrem Leben übernehmen, haben weniger Zeit für Kultur. Und außerdem ist es eine Sache der Erziehung. Wenn ich nicht gelernt habe, dass es schön sein kann, ein Buch zu lesen, greife ich eher nicht zu einem Buch. Wenn es in dem Haushalt, in dem ich aufgewachsen bin, keine Platten oder CDs gab, höre ich selbst vermutlich keine.

Ins Theater gehen, das habe ich zum Beispiel für mich erst sehr spät entdeckt – und fremdele deshalb dort manchmal noch mit den Codes. Was ziehe ich an? Wann klatscht man? Darf man sich kurz was zuflüstern? Husten? Die Jacke unter den Sitz legen? Vor «richtigem» Theater habe ich weiterhin Respekt. Das Theater, welches ich als

Jugendliche erlebt habe, waren vor allem Musicals. Die waren meistens laut genug, zumindest die Frage nach dem Zuflüstern stellte sich dort nicht.

Es ist ein Kreislauf: Ist man firm in diesen Theater-Kunst-Restaurant-Literatur-Codes, kommt auch das Geld. Hat man Geld, kennt man diese Codes. Geld ohne die Codes, das ist selten.

Auch der Sozialwissenschaftler Pierre Bourdieu (dessen Namen ich vor der Recherche zu diesem Buch nur aussprechen, nicht aber schreiben konnte) hat über diese Codes geschrieben. Und wird übrigens genauso gerne wie Karl Marx zitiert. Alle sagen immer: Das *musst* du gelesen haben! Ich finde, niemand *muss* irgendwas gelesen haben. Aber die landläufige Meinung scheint zu sein: Wenn du über Geld schreibst, musst du Marx gelesen haben. Und wenn du über gesellschaftliche Codes schreibst, musst du Bourdieu gelesen haben.

Für diejenigen, die Bourdieu (zwei u für alle, die es sich auch nicht merken können) nicht gelesen haben, hier meine Kurzfassung: Bourdieu schreibt über den Zusammenhang von Gesellschaft, Sozialisation und Bildungssystem. Besondere Beachtung bekam sein Buch «Die feinen Unterschiede» – was auch immer wieder zitiert wird, wenn es um Klassen und Klassenunterschiede geht. Das ist etwas paradox, weil Menschen, die sich damit auseinandersetzen, voraussetzen, dass natürlich jede*r Bourdieu gelesen haben muss. Falls Sie das Wort zum ersten Mal lesen: Klasse, Klassengesellschaft. Es geht dabei nicht um Schule. Also auch, nebenbei, aber bei dem Begriff handelt es sich um etwas anderes. Ein weiteres Wort aus dieser Familie: Klassismus. Was diese Begriffe bedeuten, hat Francis Seeck in

«Solidarisch gegen Klassismus» erklärt. Es handelt sich um eine Diskriminierungsform, die sich gegen einkommensarme, erwerbslose und wohnungslose Menschen oder Arbeiter*innenkinder richtet.[48] Im gleichen Buch wird Rita Mae Brown zitiert: «Klasse ist viel mehr als die Beziehung zu Produktionsmitteln nach der marxistischen Definition. Die Klasse bestimmt dein Verhalten und deine grundsätzlichen Zukunftsvorstellungen, wie du Probleme erlebst und sie verarbeitest, wie du denkst, fühlst und handelst.»

Mir wird oft gesagt, ich sei mutig, vor allem beruflich. Die meisten meiner Praktika, Jobs oder Hospitanzen habe ich mir selbst verschafft, weil ich gefragt habe. Oft wird gedacht, dass ich das gemacht habe, weil ich mir selbst so viel zutraue. Das Gegenteil ist der Fall. Ich gehe von der Ablehnung aus (siehe *Impostor* und der Finger auf meiner Schulter, der sagt: Du gehörst hier nicht her). Ich gehe von einer Absage aus, deshalb kann ich einfach fragen. Ich habe nichts zu verlieren. Das ist eines meiner Denkmuster, ein Resultat meiner sozialen Herkunft.

Doch nun weiter mit Bourdieus Denkmustern: Er teilt den Begriff «Kapital» in drei Arten auf: ökonomisches Kapital (Geld, Einkommen, Vermögen), kulturelles Kapital (Bücher, Musik, Kunst), soziales Kapital (die richtigen Leute kennen, die richtigen Codes kennen). Außerdem hat er einen weiteren Begriff geprägt, den Habitus. Er beschreibt ihn als das «Körper gewordene Soziale». Ich würde Habitus als «Auftreten» beschreiben.

Bourdieu sagt, wo wir im sozialen Raum stehen, ist vom ökonomischen, vom kulturellen und vom sozialen Kapital abhängig. Unser Handeln ist Ausdruck unserer Position im sozialen Raum. Der Habitus, also wie wir auftreten, wird von Generation zu Generation weitergegeben, wirkt also schon im Kleinkindalter. Habitus, das bedeutet zum Beispiel, wie ich mich in welchen Räumen verhalte. Wie ich einen Taxifahrer begrüße oder eine Bundeskanzlerin, wenn ich sie denn treffe, wie ich rede, welche Wörter ich verwende, wie ich mich bewege. Welche Codes ich gelernt habe und welche nicht.

Als ich vor einigen Jahren das erste Mal in einem Hotel mit Spa-Bereich war, schrieb ich einer Freundin: «Wie komme ich denn jetzt zum Pool? Nackt und mit Bademantel? Wo ziehe ich mich aus? Gehe ich mit Schuhen oder mit Badeschlappen? Wo ziehe ich mich wieder an?» Der Hotel-Code ist einer von vielen, die ich nicht kenne.

Mein Eindruck ist – ähnlich wie beim Geld –, dass dieses Kapital ungern geteilt wird. Menschen mit Geld und kulturellem Kapital möchten gern unter sich bleiben. Das beschreibt auch Francis Seeck im Buch «Zugang verwehrt». Seeck erzählt von einer Arbeitsgruppe, die es sich zum Ziel gesetzt hatte, ein Theaterstück offen für Menschen aller sozialer Herkünfte zu machen und nicht nur, wie bisher, ein bildungsbürgerliches Publikum anzusprechen. Die Leitung des Theaters fragte dann: «Sollen wir etwa Helene Fischer spielen?»[49] Seeck erklärt an diesem Beispiel die Abwertung von populärer Kultur als Nicht-Kultur.

Was für die Kultur gilt, gilt auch für Medien und die Literatur-Szene. Es werden Namen genannt, die man kennen «muss», Bücher, Filme – siehe oben. Es gibt eine ganz bestimmte intellektuelle Journalismus-Sprache. Manchmal verstehe ich sie nicht. Meistens fehlt mir Kapazität, Zeit und Geduld, sie zu verstehen. Ich weiß heute, dass es in Ordnung ist, kurze Texte gut zu finden. (Ich hoffe, Sie mögen die Länge der Kapitel. Ich habe beim Schreibprozess festgestellt, dass ich nicht nur gerne Snacks esse und lese, sondern auch gerne Snacks schreibe.) Es ist in Ordnung, Fremdwörter nicht zu kennen. Es ist in Ordnung, Englisch nicht gut oder gar nicht zu verstehen. Es ist wichtig, dass sich Artikel, Bücher, Filme oder Podcasts nicht nur an die Menschen richten, die den ganzen Vormittag Zeit haben, Bücher zu lesen. Im Gegenteil. Es ist wichtig, dass Menschen an gesellschaftspolitischen Debatten teilhaben können. Möglichst alle, weil das alle angeht. «Ein klassenübergreifender Dialog ist eine der Möglichkeiten, wie wir ein realistischeres Gespür für die Grenzen des Geldes teilen können – und für das, was es nicht kann», schreibt die Literaturwissenschaftlerin und Autorin bell hooks.[50] Und weil auch Geld alle angeht, wir alle damit irgendwie umgehen müssen, spreche ich mit anderen Menschen über Geld. Wie viel Geld ist genug? Wer sollte mehr davon haben, wer weniger? Diese Fragen kann ich nicht alleine beantworten, dies müssen wir gemeinsam tun. Die folgenden Gespräche sind ein erster Versuch, Antworten zu finden. Was machen wir mit Geld, und was macht Geld mit uns?

TEIL II

Geld macht nicht glücklich
es beruhigt nur die Nerven

Und man muss es schon besitzen
Um's zum Fenster rauszuwerfen

RIO REISER

ERWIN Erwin Husel gehört zu meinem Kiez wie der Spielplatz um die Ecke und die Eisdiele nebenan. Ich sehe ihn seit Jahren, doch erst vor ein paar Monaten kommen wir miteinander ins Gespräch. Seine Erkennungszeichen: Mütze, Fahrrad, Tüten mit Pfandflaschen. «Ich bin nicht mehr so gut zu Fuß, mit dem Fahrrad geht es aber», sagt er. Erwin Husel ist 85 Jahre alt, Rentner. Als ich ihn das erste Mal auf der Straße anspreche, ist es Winter. In Berlin-Kreuzberg liegt kein Schnee, aber die kalte Winterluft zieht durch meinen Mantel. Ich ärgere mich, meine Handschuhe vergessen zu haben. Herr Husel trägt ebenfalls keine. Eine Mütze, eine Cordhose, einen Pullover und eine Jacke drüber. Ich sehe seinem Körper die Kälte an. Seine Hände sind trocken und faltig. Wir packen beide die Pfandflaschen aus meiner Tragetasche in seine. Seine Tragetasche ist eine sehr große *Aldi*-Tragetasche, wiederverwendbar. Oft transportiert er die Flaschen in mehreren Taschen, die an seinem Fahrrad hängen. Zwei vorne, zwei hinten. «Sie können die Tasche gerne behalten», sage ich. Er winkt ab.

Ich erzähle ihm von meinem Buchprojekt. Davon, dass ich über Geld schreibe und mit Menschen spreche, die sehr wenig oder sehr viel Geld haben, und über Menschen dazwischen. Ob er Lust hätte, einer von ihnen zu sein. «Ja, erzählen Sie den Leuten mal meine Geschichte», sagt er. Ich frage ihn, wo er sich sieht auf der Skala von «sehr wenig» bis «sehr viel Geld». Er antwortet: «Ich bin ein armer Teufel.»

Beim Sprechen wirkt er manchmal ein bisschen grummelig. So, wie es typisch ist für Berliner. Und auch sein Humor ist berlinerisch. Armer Teufel, das sagt er mit einem kleinen Grinsen. Erwin Husel lebt vom Amt, wie er sagt. 800 Euro Rente, davon gehen 400 Euro Miete ab, und einen Kleingarten hat er, der kostet 35 Euro. Da bleibt nicht viel übrig. Nein, da bleibt nichts übrig. Deshalb sammelt er Pfandflaschen, seit 15 Jahren.

Erwin Husel zeigt auf die Kita gegenüber. «Das war mal mein Laden, An- und Verkauf.» Schränke, Tische, Uhren, Bilder, so ein typischer Berliner Laden, den es früher in jeder Straße gab und heute nur noch sehr selten. Herr Husel gerät ins Schwärmen, wenn er von früher spricht. Immer Action, «janz jut» sei das gewesen mit dem Laden. Bis das Haus verkauft wurde. Erwin Husel wurde gekündigt. Er wusste damals nicht, wohin mit den ganzen Sachen, also kamen sie in seine Wohnung, sie liegt in derselben Straße wie der Laden. Dort lebt er seit 40 Jahren, aber bei der Wohnung, da muss er seufzen.

Erwin Husel erzählt in kurzen Sätzen: «In der Wohnung ist die Heizung kaputt. Der Vermieter kümmert sich nicht drum. Die Waschmaschine ist jetzt auch kaputt. Ich krieg sie aber gar nicht raus aus der Küche. Über ein Jahr steht alles in der Küche, seit dem Wasserschaden. Ich lebe quasi von der Erde. Die Leitungen sind so kaputt, so alt. Die sind so alt wie das Haus. Ich weiß nicht, wie alt das ist, aber

Jahrhunderte. Dass die Waschmaschine kaputtgegangen ist, ist das Schlimmste. Ich muss ja rechnen jeden Monat. Wenn ich dreckige Wäsche hab, geh ich für vier Mark waschen. Ne Dusche hat er ne neue bei mir eingebaut. Die jeht zwar, aber die braucht zwanzig Minuten, bis sie warm wird. Duschen geh ick immer bei einem Nachbarn. Ick hab am meisten Angst davor, krank zu werden. Bin ja wegen der Flaschen immer unterwegs, und oft ist mir kalt.»

Im Jahr 2003 wurde in Deutschland das Flaschenpfand eingeführt. Es sollte verhindern, dass Einwegverpackungen in der Natur landen. Kurze Zeit später, 2005, wurde Hartz IV in Deutschland eingeführt und führte dazu, dass immer mehr Menschen nicht von dem Geld leben konnten, das ihnen der Staat als Grundsicherung zur Verfügung stellt. Ziemlich schnell wurde das Pfandflaschensammeln so etwas wie ein Nebenjob für Menschen, die von Armut betroffen sind. Wie zum Beispiel Rentner, denen die Rente nicht für Miete und Lebenshaltungskosten reicht. Wie zum Beispiel Erwin Husel.

Im Monat macht er mit dem Pfand einen Hunderter. «Haben oder nich haben», sagt er. Für die Flaschen gibt es zwischen 8 bis 25 Cent, ein Hunderter sind also schon ziemlich viele Flaschen, mindestens 400. Es sei mal mehr, mal weniger, erzählt Erwin Husel. «Kommt auch aufs Wetter an.» Erwin Husel sammelt die Pfandflaschen bei jedem Wetter, meistens mit dem Fahrrad. «Die Leute staunen immer, wie ich mit 85 Jahren durch die Gegend tuckere.» Ein bisschen stolz sagt er das. Und dann lädt er mich zu sich nach Hause ein. «Das werden Sie ein Leben lang nicht vergessen», warnt er mich vor. Wir verabreden uns um die Mittagszeit. «So gegen 12 komme ich vom Essen», sagt er. «Wo essen Sie?», frage ich. «Wo es was umsonst gibt.»

Die kommenden Tage denke ich viel darüber nach, dass wir in einem Land leben, in dem es Menschen gibt, die ohne Heizung leben. Und Menschen, die sich die Heizkosten nicht leisten können. Ja, mir war klar, dass es obdach- und wohnungslose Menschen in Deutschland gibt, sie sind auch ein Teil meines Kiezes. Aber dass in meiner direkten Nachbarschaft ein 85-jähriger Rentner lebt, der ohne funktionierende Heizung wohnt und deswegen mit einer Wärmflasche ins Bett geht, setzt mir zu.

Keine Heizung, kein Geld für gutes Essen oder neue Kleidung – damit ist Erwin Husel in Deutschland nicht allein. Im Jahr 2019 konnten zwei Millionen Menschen in Deutschland nicht ihre Wohnungen heizen. Besonders Alleinlebende und Alleinerziehende waren davon betroffen.[51] Im gleichen Jahr gingen 1,65 Millionen Menschen zu einer *Tafel*, um kostenlose Lebensmittel zu bekommen.

Die *Tafeln* finanzieren sich fast ausschließlich durch Spendengelder. Zu den *Tafel*-Kund*innen zählen Erwerbslose genauso wie Geringverdiener*innen und Rentner*innen. Lebensmittelspenden bei der *Tafel* holen sich zu 70 Prozent erwachsene Menschen und zu 30 Prozent Kinder und Jugendliche.[52] Im Sommer 2022 berichten die *Tafeln* über eine Zunahme des Bedarfs und von zunehmender Überlastung. Die Corona-Pandemie und die Inflation infolge des russischen Angriffskrieges gegen die Ukraine sorgten dafür, dass noch mehr Menschen von Armut betroffen sind. Und dafür, dass mehr Menschen Hilfe bei den *Tafeln* suchen. Selbst Behörden verweisen Geflüchtete an die *Tafeln*, weil sie selbst die nötige Infrastruktur nicht hätten, berichtet Sirkka Jendis, die Geschäftsführerin von *Tafeln Deutschland.*[53] Mit dem Ergebnis, dass einige *Tafeln* Hilfesuchende wieder wegschicken müssen mit dem Verweis, in ein paar Wochen oder Monaten wieder zu kommen.

Einige *Tafeln* verteilen an die Menschen, denen sie nichts mehr geben können, Zettel mit der Information für andere Ausgabestellen. Diese müssten aber geheim bleiben, damit das mit dem Ansturm nicht auch dort passiert. Erwin Husel kennt die Orte, an denen er gratis Essen bekommt, er ist dort jeden Mittag.

Wir treffen uns wieder auf der Straße, es ist 12 Uhr. Von Weitem sehe ich Erwin Husel auf seinem Fahrrad. «Ich schließe es kurz ab», ruft er mir zu und fährt langsam an mir vorbei. Auf dem Gepäckträger klemmt ein Korb, darin steht eine kleiner Jutebeutel. Heute hängen keine Flaschentaschen am Lenker. Zwei Minuten später ist er bei mir, ohne Fahrrad, mit einer Tupperschüssel in der Hand. Was darin ist? «Ich weiß es gar nicht, ich esse das, was es gibt.»

Es ist nicht mehr so kalt, Erwin Husel trägt eine Strickjacke zur Jeans. «Na, dann komm mal mit», sagt er und schließt die Haustür auf. Wir gehen in den ersten Stock des Altbaus, an Erwin Husels Wohnungstür hängt ein Schild mit der Aufschrift: «Alle Wünsche werden klein gegen den, gesund zu sein.» Ich soll einen Moment warten, sagt er und geht in die Wohnung. Durch einen kleinen Spalt sehe ich, dass der Flur sehr vollgestellt ist. Wie ein Secondhandladen für Möbel, nur ein größeres Durcheinander.

Eine Nachbarin kommt die Treppe runter, ungefähr so alt wie ich. Sie sieht, dass die Tür offen steht. «Alles okay mit Herrn Husel?», fragt sie mich. «Ja, alles in Ordnung», antworte ich. «Ich bin nur zu Besuch.» Sie sagt: «Oh! Herr Husel hat nie Besuch, lässt seit Jahren niemanden in die Wohnung. Viel Glück!» Sie sagt das nett, freundlich. Ein bisschen liebevoll sogar.

In diesem Moment kommt Erwin Husel zurück aus der Wohnung und hält einen Briefumschlag in der Hand. «Hier, so sah das früher alles aus.» In dem Briefumschlag sind alte Fotos. Sie zeigen die Wohnung und Herrn Husel vor vielen Jahren. Ich tippe: «War das in den 1990er-Jahren?» Er nickt. Auf einem Bild liegt er grinsend in einem großen Bett. «So sah das früher mal aus», erklärt er. «Nicht so wie jetzt.» Als wolle er sich für den Zustand der Wohnung entschuldigen. Als wolle er sagen: So sah es nicht immer aus.

«Na denn», sagt er und öffnet mir die Tür. Ich betrete den Flur, sehr vorsichtig, denn überall steht etwas herum. Möbel, Flaschen, Tüten mit Pfandflaschen. Die Wohnung ist also auch Zwischenlager für das Pfand. Rechts vom Flur geht das Wohnzimmer ab. «Hier habe ich früher geschlafen», sagt er und deutet noch mal auf das Bild. Heute ist das Zimmer vollgestellt mit Möbeln, drei Standuhren, vielen Bildern. «Was sollte ich sonst mit den Sachen machen?», fragt Erwin Husel.

Hinter dem Wohnzimmer liegt das Schlafzimmer. «Geh ruhig durch», fordert er mich auf. Ich fühle mich wie ein Eindringling. Meine eigene Wohnung ist für mich mein Safe Space, der Ort, an dem nur Zutritt hat, wem ich Zutritt erlaube. Ich bin da sehr wählerisch. Erwin Husel ist es offenbar auch, und ich will nichts falsch machen, keinen Schritt zu weit gehen, keine Grenze überschreiten. Deshalb setze ich nur einen Schritt in das Schlafzimmer. «Geh ruhig», bekräftigt er. Ich schaue um die Ecke. Auch in diesem Zimmer sind viele Möbel. Und hinter einem kleinen Schrank steht ein kleines, wirklich sehr kleines Bett.

Das Bett ist tipptopp bezogen, eine kleine Decke liegt ordentlich gefaltet darauf, am Kopfende ein kleines Kissen. Daneben ein Föhn. «Wow, das ist aber ordentlich», sage ich. «Natürlich», antwortet er. «Es ist doch mein Bett, das muss ordentlich sein.» Dann stellt er die Tupperschüssel auf das Bett. «Warum der Föhn?», frage ich ihn. «Damit wärme ich abends das Bett vor», erklärt er. Und ergänzt, als er meinen Gesichtsausdruck sieht: «Reine Gewohnheitssache.»

Im Wohnzimmer bleiben wir neben der Ofenheizung stehen. Erwin Husel zeigt mir noch mal das Foto von ihm in diesem Zimmer, als er jünger war und die Heizung funktionierte und nicht der ganze Kram aus seinem ehemaligen Laden überall herumstand.

In der Wohnung ist es kühl und etwas stickig. Als wir wieder rausgehen wollen – einen Platz für uns beide zum Sitzen gibt es in der Wohnung nicht, und auf das gemachte Bett setzen möchte ich mich nicht –, sagt Erwin Husel: «Heute ist es das erste Mal dieses Jahr warm genug, dass ich mal die Fenster aufmachen kann zum Durchlüften.» Es ist April.

Wie viel Geld ist Geld genug?

Was ich so habe. 802 Euro. Und das Geld von den Flaschen.

Welches Gefühl verbinden Sie mit Geld?

Geld zu haben ist gut, dann bin ich zufrieden. Ich komme aus mit dem Geld. Durch das Flaschensuchen. Sonst natürlich nicht.

Was könnten Sie sich nicht leisten, wenn Sie nicht Flaschen sammeln würden?
So jut wie jar nüscht. Ich kann mir ja nichts Neues kaufen, keine neue Jacke oder so. Auch nicht mit dem Pfandgeld.

Was ist das Beste, was man mit Geld kaufen kann?
Die Miete zahlen und dass ich was zu essen habe. Sonst habe ich eigentlich keine Wünsche.

Was ist das Teuerste, was Sie besitzen?
Das weiß ich gar nicht. Aber vielleicht sind ein paar Bilder, die ich habe, wertvoll.

Was können Sie sich nicht leisten?
Zufriedenheit und Ruhe.

Wer sollte mehr Geld haben?
Das weiß ich gar nicht. Ich komme irgendwie hin.

Wer sollte weniger Geld haben?
Ich kenne keinen, dem ich wünschen würde, weniger Geld zu haben.

Wie viel Bargeld haben Sie im Portemonnaie?
Ich habe eine Handvoll Kleingeld. Wenn ich meine Rente von der Bank abgeholt habe, ein bisschen mehr. Aber das schleppe ich dann nicht mit mir rum.

Was ist Geld?
Vor allem beruhigt es, wenn du es hast.

SARA Auf dem Weg zu Sara Baumgarten komme ich in Düsseldorf an Bäumen mit rosafarbenen Blüten vorbei; die ersten Zeichen des Frühlings neben hübschen Altbauhäusern. Wir treffen uns an Saras Arbeitsplatz in einem Viertel, in dem wohlhabende Menschen leben. Sie selbst wohnt in einem anderen Stadtteil. Sara Baumgarten arbeitet dafür, dass es den wohlhabenden Leuten gut geht. Sie sorgt dafür, dass es hier repräsentabel aussieht. Sie putzt, sie wischt, sie saugt, sie kehrt, sie trocknet. Und gerade schiebt sie die Mülltonnen hin und her.

«Ich schaue, dass keine Einbrecher kommen. Die haben bei mir keine Chance», lacht sie mich an. Die Mülltonnen «bewegt sie», damit Fremde nicht sehen, dass das Haus gerade nicht bewohnt ist. Die Hauseigentümer sind zurzeit im Urlaub, auf einer spanischen Insel. Sie nennt sie «meine Chefin und mein Chef». «Mein Chef meint zwar, ich muss nicht jeden Tag kommen, aber wenn hier doch was passiert – wer hat nicht aufgepasst? Ich schaue lieber nach.»

Sara ist deshalb mehrmals pro Woche hier. An drei Tagen putzt sie das dreistöckige Haus, an den anderen Tagen schaut sie nach, dass keine Einbrecher da waren. Heute stellt sie mir Kuchen auf den Tisch und Kaffee. Sie hat vorher mit der Chefin und dem Chef darüber gesprochen, dass ich komme. Seit Corona ist sie oft allein in dem Haus. «Direkt nach Corona, also als es nach den Impfungen wieder ging, sind sie abgehauen. Was sollen sie auch hier? Ich passe auf das Haus auf.»

Sara ist Haushaltshilfe, das ist ihr wichtig. Das Wort Putzfrau mag sie gar nicht. Vor allem nicht, seitdem sie mal von einem Kind so genannt wurde, das sie betreute. Sie arbeitete in der Familie im Haushalt und brachte das Kind manchmal zum Kindergarten. Als sie mit dem Kind Bekannte traf, sagte es: «Das ist Sara, meine Putzfrau.» «Erstens bin ich nicht deine Putzfrau, und zweitens bin ich eure Haushaltshilfe», stellte sie damals klar. Eigentlich ist sie sogar noch viel mehr. «Mein Chef sagt immer, ich bin Sekretärin, Putzfrau, Haushaltshilfe, gute Seele.»

Der Job in dem Düsseldorfer Anwesen ist nicht Saras einziger. Aktuell arbeitet sie noch in einem anderen Haushalt. Zuerst war sie dort auch als Haushaltshilfe angestellt, zwei Mal pro Woche. Nach dem Tod seiner Frau ist ihr Auftraggeber allerdings allein, und Sara kümmert sich nicht nur um den Haushalt, sondern auch um ihn. Jeden Morgen um 7.45 Uhr ist sie bei ihm, deckt den Tisch, macht Frühstück. Von dort aus geht sie zum anderen Job. Um 17 Uhr kommt sie zurück, macht das Abendessen, macht alles sauber und verbringt Zeit mit ihm. Zu Hause ist sie an den meisten Tagen gegen 20 Uhr. Ihr Partner, mit dem sie in einer Wohnung lebt, arbeitet in einer Lotto-Annahmestelle, von 6 Uhr bis 18.30 Uhr, jeden Tag. Ja, jeden Tag.

Sara Baumgarten lebt seit 25 Jahren in Düsseldorf. Sie kam aus Liebe. «Du kommst aus Recife und lebst jetzt hier!? – das werde ich oft ungläubig gefragt», erzählt sie lachend. «Aber was soll ich sagen, ich war verliebt!»

Ihr mittlerweile Ex-Mann machte Urlaub in Brasilien, sie arbeitete in einem Club als Kassiererin. Er lud sie nach Deutschland ein und versprach ihr den Himmel auf Erden. «Er war clever, es war Sommer in Deutschland, ich fand es toll.» Den Winter in Deutschland findet Sara nicht toll, auch nach den vielen Jahren nicht. «Immer zur Weihnachtszeit bekomme ich Heimweh, wenn es hier kalt ist.»

Siebzehn Jahre lebten sie zusammen. Finanziell war Sara von ihrem Ex-Mann abhängig. Was für sie in Ordnung war, bis er krank wurde, Oberschenkelhalsbruch, eine längere Geschichte. «Es fehlten tausend Mark im Monat, da fing der Stress an.» An diese Zeit erinnert Sara sich sehr genau. «So was vergisst du nicht», sagt sie.

«Auf dem Weg zu *Aldi* kamen wir immer an einer Eisdiele vorbei. ‹Ciao Bella›, sagten die Verkäufer zu mir und meiner Tochter. Und ich wusste: Ein Eis kostet eine Mark. Und meine Tochter wusste: Sie bekommt ein Eis. Also sind wir jedes Mal einen großen Umweg gegangen, weil ich mir das Eis nicht leisten konnte. Meine Tochter fragte: ‹Warum müssen wir so lange gehen?› Es tat mir im Herzen weh. Gekauft habe ich damals das billige Wassereis von *Aldi*. Und ich habe mir geschworen, dass ich das nie wieder erleben will. Mein Ziel war immer, Geld zu haben, um die Wünsche meiner Kinder zu erfüllen. Durch meine Arbeit konnte ich meiner Tochter irgendwann einen Gameboy zu Weihnachten schenken. Sie war so glücklich, dass sie angefangen hat zu weinen – und ich habe mitgeweint. Alles, was ich mache, mache ich, um die Wünsche meiner Kinder zu erfüllen.»

Zu der Zeit, als sie sich das italienische Eis nicht leisten konnten, ging Saras Tochter in den Kindergarten. «Das war mein Glück», sagt sie, «so konnte ich mir einen Job suchen.»

Sara konnte noch nicht fließend Deutsch sprechen – und es auch nicht gut verstehen. «Ich habe mit Händen und Füßen gesprochen.» Über den Kindergarten lernte sie eine andere Mutter kennen, die auch putzte. «Lieber Gott, ich glaube wirklich an Gott, zum Glück habe ich damals diesen Job gefunden», sagt sie und klatscht in die Hände. Sie putzte damals für 800 Mark, ein Minijob. «Mein Ex-Mann sagte, ich soll das machen, bis er wieder arbeiten geht.»

Dann wurde sie mit ihrem Sohn schwanger und ihre größte Sorge war, ihren Job dadurch zu verlieren. Sie putzte damals eine Kneipe – und wie sähe das denn aus, eine Schwangere, die eine Kneipe putzt? Aber ihre Chefin hatte damit kein Problem. «Ich habe geputzt bis zum achten Schwangerschaftsmonat.» Sara machte insgesamt acht Wochen Pause und arbeitete anschließend weiter.

Als ihr Ex-Mann wieder anfing zu arbeiten, putzte sie trotzdem weiter. «Ich wollte Taschengeld haben, wenn mal was mit den Kindern sein sollte. Ich wollte nicht wieder fragen: ‹Kannst du mir Geld geben?› Und hören: ‹Wofür?› Ich wollte auf eigenen Füßen stehen und machen, was ich will.» Und das Geld war nicht nur für ihre Kinder, Sara unterstützte damit auch ihre Familie in Brasilien.

In Deutschland gibt es viele Frauen wie Sara, die Care-Arbeiten übernehmen und dadurch eine Fürsorge-Lücke in ihren Herkunftsländern hinterlassen. Manchmal lassen sie sogar ihre Kinder zurück. *Globale Care-Kette* ist der Begriff dafür, der von der Wissenschaftlerin Arlie Hochschild geprägt wurde. Der Begriff bedeutet: Frauen migrieren in andere Länder, übernehmen dort Care-Arbeit für andere

Familien und hinterlassen somit bei ihrer eigenen eine Fürsorge-Lücke, die dann wiederum von anderen Menschen gefüllt werden muss. In der Regel sind das Familienmitglieder im Herkunftsland oder – und das macht es zur *globalen Care-Kette* – Migrantinnen aus wirtschaftlich (noch) ärmeren Ländern, die dann wiederum selbst eine Fürsorge-Lücke in ihrem Herkunftsland hinterlassen.[54]

Ein anderer Punkt, der die Arbeit von Haushaltshilfen in Deutschland betrifft, ist die illegale Beschäftigung. Laut Institut der deutschen Wirtschaft (IW) arbeiteten 2022 in rund 3,6 Millionen Haushalten in Deutschland Haushaltshilfen, ohne die Tätigkeit offiziell anzumelden. Die so Beschäftigten haben keinen Versicherungsschutz und keine soziale Absicherung. Im Koalitionsvertrag der Ampel-Regierung steht, dass ein Zulagen- und Gutscheinsystem eingeführt werden soll, mit dem Alleinerziehende, Familien mit Kindern und pflegende Angehörige bei Beschäftigung einer Haushaltshilfe einen Teil der Kosten vom Staat bezuschusst bekommen sollen.[55]

Sara kam durch Mund-zu-Mund-Propaganda zu ihrer heutigen Chefin und ihrem Chef. Sie fragten damals, ob Sara als Vertretung für ihre damalige Haushaltshilfe arbeiten könnte. Sara war in der Trennungsphase – von ihrem Mann und suchte dringend einen weiteren Job, um Geld für sich und ihre Kinder zu haben. «Ich habe gemerkt, dass die alte Putzfrau nicht sauber genug gearbeitet hat – tote Fliegen, Staub unter Schränken.» Sara verdreht angeekelt die Augen. Als sie unter dem Toaster putzte, fand sie einen Schlüssel, es war der Schlüssel des Sohnes des Ehepaars. Unter dem Toaster hatte nie jemand geputzt. Damit hatte Sara den Job. «Ich arbeite gründlich», sagt sie stolz und erzählt, wie ihre Chefin einmal sagte, so sauber hätte sie die Kaffeemaschine nur gesehen, als sie sie gekauft habe. Aber Sara kann als Haushaltshilfe, die von Rassismus betroffen ist, auch andere Geschichten erzählen.

«Ich war damals so im Stress, zwischen so vielen Jobs, ich hatte noch nicht mal geschafft, einen Kaffee zu trinken.» Also machte sie sich einen Kaffee bei einer Familie, bei der sie putzte. Sie hatten eine Kapsel-Maschine, es waren drei Kapseln in der Schublade, Sara nahm sich zwei. Ihre Auftraggeberin sah das und war total schockiert. «Warum hast du dir zwei Kapseln genommen, Sara? Du hast meinen abgezählten Kaffee getrunken!», schrie sie sie an.

Sara beeilte sich an dem Tag mit dem Putzen und kaufte anschließend fünf Packungen Kapseln in verschiedenen Farben. «‹Das wäre doch nicht nötig gewesen›, sagte die Frau, aber ich dachte nur: ‹Du blöde Kuh!› Eine Packung Kaffee kostet 3,95 Euro, und dafür hat sie mich angeschrien. Sie dachten, weil ich Schwarz bin, können sie mit mir alles machen. Seit dem Tag habe ich dort nichts mehr getrunken. Keinen Kaffee und kein Wasser.» Und sie erzählt weiter: «Genau die gleiche Frau sagte auch zu ihrer Tochter, als ein Müllwagen mit einem Müllmann vorbeifuhr: ‹Wenn er besser in der Schule aufgepasst hätte, müsste er den Job nicht machen.› Ich habe dem Kind gesagt: ‹Stell dir mal vor, was passiert, wenn der Mann hier nicht den Müll rausbringt. Dann stinkt es, und irgendwann kommen die Ratten.›» Die Familie wollte Sara auf keinen Fall anstellen, sie arbeitete dort auf Minijob-Basis. Sobald sie es sich leisten konnte, kündigte sie.

Dass sie als Schwarze Frau in Deutschland anders behandelt wird, hat auch die Erziehung ihrer Kinder beeinflusst. «Ich habe meiner Tochter immer gesagt: Steck dir nie irgendwas in die Tasche, sonst kommt die Polizei und steckt dich in ein Kinderheim.» Einmal war sie mit ihrer Tochter im Supermarkt. Eigentlich wollte sie nur eine Packung *Mondamin* kaufen – und hatte auch nur dafür Geld dabei. «Im Laden sah meine Tochter ein Kinderbuch, zum gleichen Preis wie das *Mondamin.*» Sara entschied sich für das Buch. Als sie schon draußen waren, packte eine Frau sie am Arm und fragte, wo sie den geklauten Kaffee versteckt hätte. Sara weinte, ihre Tochter fragte: «Mama, hast du geklaut? Kommt jetzt die Polizei?»

«Im Raum mit den Überwachungskameras fragten sie mich immer wieder nach dem Kaffee, ich war so aufgeregt, habe gezittert, ich habe es nicht geschafft, das Wort *Mondamin* zu sagen.» Am Ende sahen sie auf den Überwachungskameras, dass Sara nichts geklaut, sondern lediglich das Kinderbuch gekauft hatte. Zur Beruhigung wurde ihr Schokolade angeboten. «Es war so typisch, wenn man genau beobachtet, werden immer nur Ausländer verdächtigt, etwas geklaut zu haben.» An einer Supermarktkasse wurde Sara mal gefragt, was sie denn unter ihrer Jacke versteckt hätte. Ihre Antwort: «Ein Baby.» Sara war schwanger.

Die Zeit der Minijobs ist heute vorbei, die 51-Jährige arbeitet fest angestellt. Seit fast 20 Jahren in dem dreistöckigen Haus. Ihr Vertrag geht über 13 Stunden. Sara zählt: «Quatro, cinco, seis, ja, 13 Stunden.» Von diesem Job landen 650 Euro auf Saras Konto, ihre Miete beträgt 670 Euro. «Hier arbeite ich für die Miete, deshalb brauche ich einen anderen Job für meinen Luxus.» Damit meint sie Lebensmittel, Kleidung – und Sachen für die mittlerweile erwachsenen Kinder. Bei ihrem anderen Job, zu dem sie täglich geht, verdient sie 1300 Euro. Heute geht es Sara finanziell gut.

Körperlich allerdings nicht. «Schlimm ist, wenn ich vom Keller hochkomme und oben merke, dass ich meine Handschuhe vergessen habe», sagt sie. Ihr Meniskus macht ihr zu schaffen, vielleicht muss sie bald operiert werden. «Ich merke meine Arbeit.» Putzen ist ein körperlich anstrengender Job, der Spuren hinterlässt. Sara merkt, dass sie mittlerweile länger braucht für ihre Jobs. «Sachen, die ich früher in einer halben Stunde gemacht habe, schaffe ich jetzt nicht mehr so schnell.»

Sie erinnert sich an eine OP, die sie mal hatte: «Ich durfte mich nicht bewegen. Meine Tochter hat mir Fallen gestellt, damit ich nichts mache. Ich durfte drei Monate nur liegen. Ich hab gedacht, ich sterbe. Nichtstun, das ist für mich eine Katastrophe. Ein Leben ohne Arbeit wäre für mich die Hölle.»

Ein paar Wochen nach unserem Treffen erzählt mir Sara, dass sie eine Zeit lang nicht arbeiten kann. Wieder der Meniskus, wieder die Angst vor einer möglichen Operation. Die Befürchtung, irgendwann die drei Stockwerke im großen Haus nicht mehr hoch- und runtergehen zu können.

Die Zukunft macht Sara Sorgen: «Was ist, wenn ich nicht mehr kann? Wovon soll ich leben? Ich habe ein bisschen Geld gespart. Meine Tochter sagt, sie ist da, wenn ich sie brauche. Das ist lieb von ihr. Ich gebe wenig aus und spare fleißig. Aber bis zur Rente muss ich noch was tun.»

Wie viel Geld ist genug?
Ich habe genug, wenn ich alle Rechnungen bezahlt habe und keine Schulden.

Welche Gefühle verbindest du mit Geld?
Ich kann damit erreichen, was ich gerne möchte. Meinen Kindern ein gutes Leben ermöglichen.

Was ist das Beste, was man mit Geld kaufen kann?
Musik. Ohne Musik kann ich nicht leben. Ich arbeite auch immer mit Musik. Musik ist mein Leben.

Was ist dein teuerster Besitz?
Mein iPhone. Ich bin ein iPhone-Junkie.

Was kannst du dir nicht leisten?
Eine Eigentumswohnung.

Wer sollte mehr Geld haben?
Menschen, die jeden Tag aufstehen und arbeiten. Menschen, die fleißig sind.

Wer sollte weniger Geld haben?
Die Menschen, die einfach so erben. Nichts tun und von jetzt auf gleich reich werden. Das hasse ich wie die Pest. Du bist nicht früh aufgestanden, du hast noch nie deine Küche geputzt, und dann bist du von jetzt auf gleich Millionär. Das haben die nicht verdient.

Was ist Geld?
Man braucht es halt. Ohne Geld bist du nichts.

LUKAS 1,35 Euro pro Stunde – würden Sie dafür arbeiten? Lukas Krämer arbeitete zu diesem Stundenlohn, in einer sogenannten Behindertenwerkstatt. Fünf Jahre lang. Bis er einfach nicht mehr hinging und *YouTuber* wurde. Aber der Reihe nach.

Nach dem Besuch einer Förderschule – «da war ich eh falsch», sagt Lukas – ging es für ihn, wie für viele Menschen mit Behinderungen in Deutschland, automatisch in eine Werkstatt. Dort montierte er fünf Jahre lang Teile für Wasserhähne. Die Arbeit machte ihm keine Freude, er fühlte sich unterfordert. Nach der Arbeit brachte er sich zu Hause Videoschnitt bei, mit Tutorials im Internet. Im Jahr 2015 startete er dann seinen *YouTube*-Kanal Sakultalks – benannt nach ihm selbst. Sein Vorname rückwärts und talks, Gespräche auf Englisch. Heute arbeitet der 28-Jährige als Social-Media-Beauftragter der Bundestagsabgeordneten Corinna Rüffer. Damit ist er die absolute Ausnahme. Die meisten Menschen mit Behinderungen bleiben ihr Arbeitsleben lang in der Werkstatt. In Deutschland gibt es 786 Werkstätten für Menschen mit Behinderungen, in denen über 300 000 Menschen arbeiten.[56] Die Menschen, die dort arbeiten, haben allerdings keine Arbeitsverträge, sondern Werkstattverträge. Sie sind Mitarbeitende, keine

Arbeitnehmenden. Dadurch haben sie zum Beispiel kein Streikrecht, haben kein Recht auf Mindest- oder Tariflohn und erhalten stattdessen ein Taschengeld von der Werkstatt. Durchschnittlich sind das bundesweit knapp 200 Euro. Sie können keinen Betriebsrat gründen, sondern nur «Werkstatt-Räte».[57]

«Das muss sich unbedingt ändern», fordert Lukas. Ändern muss sich aus seiner Sicht aber noch viel mehr.

Während Lukas in der Werkstatt Wasserhähne montierte, langweilte er sich. In seinen Video-Ambitionen wollte ihn aber niemand unterstützen. Das liegt auch an den Strukturen der Werkstätten. Sie haben zwei offizielle Ziele: Ein verpflichtend gesetzlicher Auftrag der Werkstätten ist es, den Beschäftigten den Übergang auf den ersten Arbeitsmarkt zu ermöglichen, sie darauf vorzubereiten. Doch laut Expert*innenschätzungen schaffen den Sprung auf den ersten Arbeitsmarkt nur ein Prozent aller Mitarbeitenden. «Es wird gar nicht gefördert», sagt Lukas Krämer. «Natürlich wollen die Werkstätten ihre besten Mitarbeiter nicht verlieren.» Lukas war so einer dieser besten Mitarbeiter, die man nicht verlieren wollte. Nachdem er aber über 100 Fehltage im Jahr hatte, wurde ihm schließlich gekündigt. Er fragte Corinna Rüffer, ob er nicht bei ihr arbeiten könne – und sie sagte zu. Aktuell arbeitet Lukas für die Bundestagsabgeordnete 35 Stunden pro Woche. Doch das Geld reicht nicht, denn ganz normal angestellt ist Lukas auch hier nicht. Er verdient 1300 Euro netto und zahlt 600 Euro Miete. «Das Gehalt ist zu niedrig», sagt Lukas, «deshalb verdiene ich noch Geld nebenbei mit Videoschnitt, weil sie zu wenig zahlt.» Das Gehalt, das er von der Abgeordneten erhält, wird über das Budget der Bundesagentur für Arbeit aufgestockt, «sie selbst zahlt nur 450 Euro», erklärt Lukas. «Eine Anstellung, ohne auf das Budget für Arbeit zurückgreifen zu müssen, wäre tatsächlich besser», schreibt ein Mitarbeiter der Bundestagsabgeordneten per Mail. Beim Budget für Arbeit zahlt man nicht in die Arbeitslosenversicherung ein, was im Fall der Beendigung des Arbeitsverhältnisses bedeutet: Lukas hätte keinen Anspruch auf Arbeitslosengeld. Weiteres Problem: Der Lohnkostenzuschuss beträgt zwar 75 Prozent, ist aber auf circa 1200 Euro gedeckelt. Es lohnt sich also für Arbeitgebende kaum, über das Budget für Arbeit hinaus höhere Löhne zu zahlen. Lukas verdient sich das fehlende Geld selbst, mit Videoschnitt-Aufträgen, 400 bis 800 Euro monatlich. «Es läuft gut», sagt er. Eine Absicherung für eine mögliche Arbeitslosigkeit ist das jedoch nicht. Und auch die Aussicht, dann wieder in die Werkstatt gehen zu können, ist keine gute für Lukas. «Da will ich nie wieder arbeiten», sagt er.

Für Lukas läuft es gut, seitdem er aus der Werkstatt raus ist. Viele andere Menschen mit Behinderungen haben diese Möglichkeit nicht. Einige wollen sie auch nicht. Die Werkstätten gelten für viele Menschen als «sicherer Ort». Ein Ort, an dem man auch mal sagen kann, dass man heute nicht kann. Wenn ich Berichte über Werkstätten lese oder sehe, wundere ich mich. Warum eigentlich wird nie hinterfragt, warum der erste Arbeitsmarkt die Bedürfnisse nicht erfüllt? Ein Raum, in dem man sich mal hinlegen kann. Sollte das nicht Standard für alle sein?

Neben der Möglichkeit für Ruhepausen fällt in den Werkstätten auch der Druck weg, den Arbeitsplatz zu verlieren. Außer, man hat so viele Fehlstunden wie Lukas Krämer. Mitarbeitende in Werkstätten haben oft regelrecht Angst vor dem ersten Arbeitsmarkt. Immer wieder höre ich in Gesprächen mit Werkstattmitarbeitenden, dass sie die Sorge haben, auf dem ersten Arbeitsmarkt nicht bestehen zu können. Vor allem psychisch. In Werkstätten arbeiten auch viele Menschen mit psychischen Beeinträchtigungen, viele von ihnen nach Burnout auf dem ersten Arbeitsmarkt. Ich verstehe die Sorgen, dem ersten Arbeitsmarkt nicht standhalten zu können. Allerdings halte ich die Schlussfolgerung für falsch, die politisch aktuell umgesetzt wird, nämlich am Werkstattsystem wegen seines Status als sicherer Ort festzuhalten (und natürlich, weil es ein lukratives System ist) – statt eine gesamtgesellschaftliche Debatte darüber zu beginnen, wie wir eigentlich arbeiten wollen. In Jobs, bei denen wir ständig zu funktionieren haben? In Jobs, bei denen wir uns nicht mal ausruhen dürfen? In Jobs, in denen Burnouts zur Normalität gehören, nicht aber die Diskussion darüber, wie Arbeit uns nicht mehr krank macht? Bei Inklusion, also der gleichberechtigten Teilhabe von Menschen mit und ohne Behinderung, ist es oft so, dass die Maßnahmen, die für Menschen mit Behinderungen existenziell sind, auch für Menschen ohne Behinderungen gut sind. Als Beispiel Aufzüge: Für Menschen, die mit einem Rollstuhl mobil sind, sind sie unverzichtbar. Für Menschen mit Kinderwagen sind sie extrem hilfreich. Oder Leichte Sprache[58]: für Menschen mit kognitiven Behinderungen ist sie unverzichtbar, um alles zu verstehen. Für Menschen ohne Behinderungen ist es hilfreich, komplexe Sachverhalte einfach erklärt zu bekommen. Statt also über diese grundlegenden Fragen zu diskutieren und den ersten Arbeitsmarkt zu modernisieren – denn nichts anderes würde umgesetzte Inklusion bedeuten –, wird so getan, als könnte es einen menschenfreundlichen Rahmen für Arbeit nur in den Werkstätten geben – dabei sollte man lieber daran arbeiten, die UN-Behindertenrechtskonvention zu erfüllen. Diese hat Deutschland im Jahr 2009 unterschrieben. Alle haben das Recht auf Zugang zu einem offenen, inklusiven Arbeitsmarkt. Diese Rechte auf Teilhabe werden durch die allgemeinen Menschenrechte, die Grundrechte, das Antidiskriminierungsgesetz und eben auch durch erwähnte Behindertenrechtskonvention der UN garantiert.[59]

Damit hat sich Deutschland dazu verpflichtet, den Arbeitsmarkt inklusiver zu machen. Werkstätten sind das Gegenteil von Inklusion. Sie sind eine Sonderwelt. In dieser Sonderwelt arbeiten Menschen mit Behinderung zusammen mit Menschen mit Behinderung. Nichtbehinderte Menschen sind die Chef*innen oder Leitungen, also auf einer anderen Stufe in der Hierarchie. Inklusion und Teilhabe für alle am Arbeitsmarkt würde anders aussehen. So fordern viele Menschen mit Behinderungen schon lange die Abschaffung der Werkstätten, zum Beispiel der Aktivist Raúl Krauthausen. Er sagt: «Werkstätten sind Ausbeutung. Menschen mit Behinderung verdienen als einzige Gruppe in Deutschland weniger als Mindestlohn.»

Für den Mindestlohn in Werkstätten setzt sich auch Lukas Krämer ein. Er hat eine Petition mit dem Titel #StelltUnsEin gestartet, im Petitionstext schreibt er: «Ich bin Lukas Krämer und hatte als Kind eine Hirnhautentzündung. Die Folge ist eine Behinderung, die mir ein normales Leben nicht möglich macht. Es ist diese Behinderung, die mich in Deutschland wie viele andere dazu gebracht hatte, in Behindertenwerkstätten arbeiten zu müssen.»

In der Antwort auf eine Verfassungsklage von André

Thiel, der auch in einer Behindertenwerkstatt gearbeitet hat, wird die Position der Werkstattbetreiber sehr deutlich: Der «Lohn sei nicht vorrangig Geld, sondern Teilhabe».[60] Diese Vollzeitarbeit, von der man nicht leben kann, nennt man dann also «Teilhabe». «Unser Lohn soll also sein, dass wir überhaupt arbeiten dürfen, für andere Gewinn machen dürfen?», fragt Lukas in der Petition. Fast 200 000 Menschen haben sie bereits unterzeichnet. Aus der Politik hat Lukas bisher wenig Rückmeldung bekommen. «Es scheint so zu sein, dass behinderte Menschen den Politikern egal sind», sagt er.

Und tatsächlich: Der Weg in die Werkstatt beginnt früh und ist meist eine Einbahnstraße. Schon Förderschulklassen besuchen Werkstattmessen statt Berufsmessen, und Förderschüler*innen absolvieren ihre Betriebspraktika meist in einer Werkstatt statt auf dem ersten Arbeitsmarkt. «Sie haben mich falsch eingeschult», sagt Lukas Krämer über die Entscheidung, ihn auf eine Förderschule zu schicken. In den Werkstätten selbst durchlaufen Einsteiger*innen nach einem dreimonatigen «Eingangsverfahren» (eine Art Probezeit, aber halb so kurz wie Probezeiten auf dem ersten Arbeitsmarkt) den Berufsbildungsbereich.

In diesem Bereich bleiben junge Erwachsene bis zu zwei Jahre lang, ehe sie in den «normalen» Arbeitsbereich einer Werkstatt wechseln. Doch was klingt wie eine Vorbereitung auf den ersten Arbeitsmarkt oder eine Ausbildung, ist keine. In den Berufsbildungsbereichen der Werkstätten findet keine gesetzlich anerkannte Ausbildung statt. Mitarbeitende dort sind vom Berufsschulunterricht ausgeschlossen. Deutschlandweit gibt es keinen einzigen Abschluss, der in diesem Bereich abgelegt werden kann. Es gibt keinerlei Unterstützung oder Maßnahmen, die das Ziel haben, dass die Mitarbeitenden in eine reguläre Berufsausbildung wechseln. Und dabei erhalten die Mitarbeitenden in den zwei Jahren nur 119 Euro Taschengeld im Monat, also noch weniger als Werkstattangehörige im Arbeitsbereich. Fast ohne Ausnahmen wechseln die Mitarbeitenden danach in den offiziellen Arbeitsbereich.[61] Außerdem gibt es noch die Möglichkeit eines Außenarbeitsplatzes. Dabei hat die mitarbeitende Person die Möglichkeit, in anderen Unternehmen zu arbeiten. Sie bleiben aber Mitglied der Werkstatt zu den Konditionen der Werkstatt. Das bedeutet zum Beispiel, eine Person arbeitet als Hilfspfleger in einem Krankenhaus, aber zu den Konditionen der Werkstatt. Gewerkschaften sehen darin eine Form von Ausbeutung.[62]

In der Pandemie bekamen einige Betriebsstätten der Werkstätten weniger Aufträge als zuvor. Infolgedessen wurde an vielen Standorten das Taschengeld gekürzt.[63] «Das ist Ausbeutung», sagt Lukas Krämer.

Auch die Werkstätten sind unter Konkurrenzdruck. Der Marketingchef einer Behindertenwerkstatt sagt: «Unsere Kunden wollen wissen: Schafft ihr das? Und wenn ja, zu welchen Konditionen? Wenn wir nicht pünktlich, kostengünstig und zufriedenstellend liefern, sind wir weg vom Fenster wie jedes andere Unternehmen auch.»[64]

Das klingt alles nach ganz schön viel Druck und gar nicht so sehr nach einem sicheren Ort für alle Mitarbeitenden.

Fünf Jahre lang montierte, prüfte und verpackte Lukas Krämer Wasserhähne. Heute dreht er Videos und macht Fotos für eine Bundestagsabgeordnete. Nebenbei wird er für Videoschnitt angefragt und verhandelt die Honorare selbst. Er hat drei Pakete, je nach Videolänge. Und neben der Arbeit erfüllt sich Lukas gerade noch einen weiteren Traum: Er lernt Japanisch. «Die schwerste Sprache der Welt», sagt er und klatscht dabei in die Hände. Zwei Mal die Woche trifft er seine Japanisch-Lehrerin digital. Mittlerweile ist er schon so gut, dass er japanische Filme schauen kann. «Ich kann ja nicht Deutsch lesen oder nur ein bisschen, aber Japanisch lesen und schreiben klappt außergewöhnlich gut», sagt Lukas. An seinem Ziel ist er jedoch noch nicht angelangt. Im Internet hat er gelesen, dass es fünf Jahre Japanisch-Unterricht braucht, bis man ein flüssiges Gespräch führen kann. Seit anderthalb Jahren hat er Unterricht.

Als Aktivist ist Lukas Krämer bekannt, oft bekommt er Nachrichten von Menschen, die in Werkstätten arbeiten. «Du hast mir neuen Mut gemacht, doch noch was aus meinem Leben zu machen», ist so eine Nachricht. Er gibt dann Tipps: «Wenn du nicht in der Werkstatt arbeiten willst, bleib zu Hause. Die Grundsicherung bekommst du weiterhin, egal ob du in der Werkstatt arbeitest oder nicht.» Er rät außerdem allen zur Selbstständigkeit – für ihn war das der Weg zu Eigenständigkeit.

Doch es melden sich auch Menschen bei ihm, die weiter in der Werkstatt arbeiten möchten. In einer Sache sind sich alle jedoch einig: «Der Verdienst ist zu wenig.» Katrin Langensiepen, die einzige weibliche Abgeordnete im Europäischen Parlament mit sichtbarer Behinderung, schreibt dazu auf Twitter: «Es geht auch nicht nur um die Entlohnung, die Tatsache, dass behinderte Menschen dort nur unter sich arbeiten, häufig am Stadtrand, ohne die Chance der Weiterbildung und Entwicklung.»

Zu den Bedingungen auf dem ersten Arbeitsmarkt sagt Lukas: «Man muss Abstriche machen, wenn man Geld verdienen will.» Gleichzeitig fordert er barrierefreiere Arbeitsbedingungen. Als Beispiel nennt er Nintendo in Japan: «Die haben ein Bewerbungsformular für Menschen mit Behinderung. Man kann dort angeben, was es zu beachten gibt und auch die Arbeitszeit.»

In drei Jahren, so hat Lukas ausgerechnet, kann er sich mit seinen Japanisch-Kenntnissen dort bewerben. Aber vorher möchte er noch eine Reise nach Japan machen, sein Geld reicht bald dafür und die Sprachkenntnisse ebenfalls.

Bevor wir uns durch die Internet-Kameras zur Verabschiedung zuwinken, frage ich Lukas Krämer, wie ich mich auf Japanisch für unser Gespräch bedanken kann. «Arigato», sagt er. «Das japanische Wort für Gespräch kenne ich noch nicht, aber das lerne ich bald.»

Wie viel Geld ist genug?
Das kommt auf den Lebensstandard der Person an. Auf jeden Fall Mindestlohn, obwohl der aktuell zu niedrig ist, wo alles teurer wird.

Welche Gefühle hast du zu Geld?
Na ja, ich will meine Miete ja bezahlen können. Ich brauche es, wie jeder andere auch. Wenn ich die Miete nicht bezahlen kann, sitze ich auf der Straße. Miete ist teuer, dementsprechend viel muss ich verdienen.

Was ist das Beste, was man sich mit Geld kaufen kann?
Was unternehmen, eine Reise machen, nach Japan reisen.

Was ist dein teuerster Besitz?

Weil ich für Kunden Videos bearbeite, brauche ich Power ohne Ende. Vor Kurzem habe ich mir ein MacBook Pro gekauft, 8 GB RAM, 1 TB Festplatte.

Was kannst du dir nicht leisten?

Einen Tesla. (lacht) Die Japan-Reise geht bald, wenn es weiter so gut läuft.

Wer sollte mehr Geld haben?

Geld muss man sich verdienen. Die Menschen in den Werkstätten müssen mehr verdienen, mindestens Mindestlohn.

Wer sollte weniger Geld haben?

Wenn man für Geld arbeitet, hat man es verdient. Elon Musk zum Beispiel hat für sein Geld gearbeitet. Gut, er hatte auch Glück. Das kann aber eigentlich jeder mit ein bisschen Glück. Man macht eine erfolgreiche App, und dann kauft einem das jemand ab für ein paar Millionen.

ANTÓNIO Über António Fernandes Coelho stolpere ich auf Twitter. «Rider & Betriebsrätin» steht dort auf seinem Account als Selbstbeschreibung. «Rider» sind Essenslieferanten, meist auf Fahrrädern unterwegs. Seine Ortsangabe: Frankfurt Main, Haymat von *Haftbefehl* und Goethe. António fällt mir wegen seiner kämpferischen Tweets zur Verbesserung von Arbeitsbedingungen auf, ich schreibe ihn an. Ein bisschen auch wegen *Haftbefehl*.[65] Aber vor allem, weil ich noch nie Essen nach Hause bestellt habe. Ich kann es einfach nicht. Menschen beauftragen, mir Essen nach Hause zu liefern. Die Vorstellung, mehrere Menschen damit zu beschäftigen: mir Essen zu kochen, das Essen für mich durch die Stadt zu fahren – das fühlt sich einfach nicht richtig an. Vor allem mit dem Wissen, dass diese Menschen nicht gut bezahlt werden und die Arbeitsbedingungen alles andere als fair sind. «Die einen bestellen, die anderen liefern»[66], so beschreibt der Soziologe Andreas Reckwitz die zunehmende Entfernung einer gut ausgebildeten Mittelklasse von einer eher schlecht ausgebildeten, oft migrantischen «Service-Klasse», die Essen oder Einkäufe liefert. António liefert.

Wir treffen uns zu unserem ersten Gespräch digital, er in Frankfurt am Main vor dem Laptop, ich in Berlin. Es ist später Nachmittag, Antónios Zimmer ist rot beleuchtet, im Hintergrund sehe ich ein paar Bücher und Kleidung. Er trägt eine Brille und die braunen Haare kurz. Ich stelle mich vor und erzähle in aller Kürze meinen Lebensweg und wo ich mich selbst gerade sehe innerhalb unserer Klassengesellschaft. Ich frage ihn, wo er sich sieht. «Klar, wer bei *Lieferando* arbeitet, ist Arbeiterklasse, Niedriglohnsektor», antwortet er. In Deutschland arbeiten 21 Prozent der abhängig Beschäftigten im Niedriglohnsektor. Das bedeutet, gut jede*r Fünfte wird unterhalb der Niedriglohnschwelle von 12,27 Euro brutto je Stunde bezahlt.[67] Vor allem Jobs der Dienstleistungsbranche sind betroffen. António sagt über sich und seine Kolleg*innen: «Wir sind nicht unbedingt armutsgefährdet, aber die Leute kommen aus sämtlichen Verhältnissen. Von Studienabschluss bis zum rumänischen Saisonarbeiter ist alles vertreten.»

António ist irgendwo dazwischen. Er ist vor Kurzem 50 Jahre alt geworden, bei *Lieferando* arbeitet er seit sieben Jahren. Das Unternehmen war eines der ersten, die die neue «Service-Klasse» professionalisiert haben. Das Konzept: Menschen bestellen Essen bei Restaurants, Rider wie António holen das Essen in den Restaurants ab und bringen es zu den Kund*innen nach Hause oder ins Büro. Neben den klassischen Lieferdiensten gibt es immer mehr Unternehmen, die ähnliche Dienstleistungen übernehmen. Zum Beispiel Unternehmen, die einen Einkauf in Echtzeit nach Hause bringen.

Ich war mal bei einer Kollegin zu einem Arbeitstreffen nach Hause eingeladen, wir trafen uns morgens, und ich ging davon aus, dass es vielleicht auch Snacks zum Frühstück geben würde. (Ich liebe Frühstück!) Der Tisch war allerdings leer. Vielleicht sah die Kollegin mein enttäuschtes Gesicht, denn sie sagte: «Das Frühstück kommt gleich.» Ich hatte keine Ahnung, was sie meinte. Ich dachte, vielleicht geht ihr Partner noch mal los und kauft ein? Zehn Minuten später klingelte es an der Tür, ein Bote brachte eine Tüte mit Brötchen, Aufstrichen, Käse und Obst. Ich war sprachlos – mir war bis dahin überhaupt nicht klar, dass so was möglich ist.

António fährt mit dem Fahrrad Essen durch Frankfurt. «Bin ich ein klassischer Arbeiter?», fragt er und zündet sich dabei eine Zigarette an. «Ja und nein», antwortet er sich selbst. Und erzählt seine Biografie in Stichpunkten: «Ausländerkind», aufgewachsen in einer Sozialwohnung, Arbeiterkind.

«Ich bin nicht auf das Gymnasium geschickt worden, wo sie die Kanaken hingeschickt haben», sagt er. «Neben dem einen Türken war ich dann *der* Portugiese auf der Schule, es gab noch eine Französin, das war's.» Nach der Schule habe er «jahrelang studiert» und viele verschiedene Jobs gemacht, von Partyveranstalter bis Online-Marketing.

Die ersten Jahre bei *Lieferando* hat er nebenher noch etwas anderes, «besser Bezahltes» gemacht, Dateneingabe online. Mit seinem Engagement als Betriebsrat ist er jetzt Vollzeit im Unternehmen. Als Betriebsrat kann er auch aus dem Homeoffice arbeiten. Und er hat viel zu tun.

Lieferando gibt sich arbeitnehmer*innenfreundlich. Manager Alexander Linden beschreibt die Arbeitsbedingungen als «einzigartiges Gesamtpaket aus einer unbefristeten Direktanstellung, erstklassiger Bezahlung und einzigartiger Ausrüstung»[68]. António sieht das etwas anders. Er beschreibt seine Betriebsratsarbeit als Arbeitskampf.

Auf der *Lieferando*-Website steht: «Werde Fahrer:in und verdiene durchschnittlich 13,10 Euro pro Stunde», versehen mit einem Sternchen. Neben dem Sternchen steht in kleiner Schrift: «Dieser Betrag umfasst den Grundlohn und den durchschnittlichen Auftragsbonus pro Stunde für eine:n Vollzeit-Fahrer:in.» Doch die wenigsten Rider arbeiten Vollzeit. Der Basislohn stieg vor Kurzem von zehn auf elf Euro pro Stunde – liegt also noch unter dem Mindestlohn. Die *Gewerkschaft Nahrung-Genuss-Gaststätten* hatte im Sommer 2021 einen Stundenlohn von mindestens 15 Euro gefordert, plus Zuschläge für Schichten am Abend und an Sonn- und Feiertagen.

Lieferando funktioniert so: Die Plattform ist Vermittler zwischen Restaurants und Kund*innen und erhält dafür rund 13 Prozent Provision. In Deutschland arbeiten rund 10 000 Fahrer*innen in über 60 Städten für den Dienst. Zu den 11 Euro pro Stunde gibt es einen Bonus und neuerdings auch ein Dienstfahrrad und ein Diensthandy. Das war lange Zeit anders, die Rider nutzten oft auch ihre eigenen Räder. Mittlerweile wird eine Verschleißpauschale von 14 Cent pro gefahrenem Kilometer gezahlt. Kernarbeitszeiten sind an Werktagen von 11.30 Uhr bis 22.30 Uhr und an Wochenenden und Feiertagen von 12 bis 22.30 Uhr – «also hauptsächlich dann, wenn Familie und Freunde Freizeit haben oder die Kinder nicht in der Schule sind», schreibt Lukas Frey, der ebenfalls bei *Lieferando* arbeitet und im Stuttgarter Betriebsrat engagiert ist.[69]

Das Unternehmen *Just Eat Takeaway*, zu dem *Lieferando* gehört, machte laut dem Jahresbericht 2020 mit *Lieferando.de* einen Gewinn von 125 Millionen Euro. Die Zahl der Bestellungen stieg in diesem Jahr von 112,2 Millionen im Jahr

2019 auf 159,7 Millionen an. Es ist davon auszugehen, dass der Gewinn auch 2021 und 2022 gestiegen ist. Was kommt von diesem Gewinn bei António und seinen Kolleg*innen an?

«Im Monat kommen zwischen 1200 und 1400 netto raus. Als Fahrer werden wir über die App abgerechnet, und als Betriebsrat muss ich meine Stunden einreichen. Meine Miete ist günstig, am Ende bleiben 600, 700 Euro übrig. Damit habe ich deutlich mehr als der rumänische Familienvater, der netto ein bisschen mehr holt, aber noch zwei Mädchen und ne Frau durchbringen muss. Ich kann noch zu *Zalando* gehen und mir ein reduziertes Designteil holen. Das kann dann der Rumäne nicht mehr, der hat ganz andere Sorgen.»

Ich erzähle António von meiner Bestell-Scham und frage ihn, ob es das denn eigentlich geben könne, die ideale Kundin. Wie ich alles richtig und cool machen könnte. Er lacht und holt etwas aus: «Am Anfang, als es in den Medien Aufmerksamkeit für uns gab, dachte ich noch, hey, das ist gut für unseren Arbeitskampf. Heute denke ich: Es geht bei dieser Aufmerksamkeit darum, dass die armen und ausgebeuteten Menschen nicht zu nah an die Kunden rankommen. Und dass die Kunden kein schlechtes Gewissen bekommen. Aber es geht ganz sicher nicht darum, solidarisch für die Verbesserung unserer Situation zu sorgen.» Unterstützung des Arbeitskampfs also nicht wegen der Gerechtigkeit, sondern wegen des eigenen Gewissens. Die Analyse finde ich einleuchtend. Und António geht noch einen Schritt weiter: «Wenn das Essen geliefert wird, ist das halt so, als wenn die ausgebeuteten Näherinnen dir das von ihnen zusammengenähte Kleid direkt an deine Tür bringen würden.»

Was António mit seinem Engagement als Betriebsrat verändern will, weiß er genau. Ihm geht es um die Vernetzung und Repräsentation der Mitarbeitenden – und um Geld. Nicht unbedingt für sich selbst, sondern für seine Leute, wie er sagt. «Ich möchte erleben, was passiert, wenn sie ein bisschen mehr Cash haben und ein bisschen mehr Leben.»

In den Bemühungen der Kund*innen, nett zu sein, Trinkgeld zu geben, sieht António nur Eigenberuhigung. Er erzählt von seiner Mutter, die als Putzfrau arbeitete. «‹Ich bin nett zu meiner Perle, ich gebe dem Lieferboten Trinkgeld› – wir werden damit zum Maßstab menschlicher Güte. Aber kein Schwein macht sich Gedanken darüber, wie es sich anfühlt, Arbeiter und komplett abhängig von diesem Lohn zu sein.»

Wie fühlt es sich an?

«Du musst lernen, damit umzugehen. Du kannst nicht jedes Mal erschüttert sein. Wir sind in dieser Dienstleisterrolle. Du gehst in den fünften Stock und merkst, der Typ will seine Freundin beeindrucken und legt dir dann ein schäbiges Trinkgeld von 50 Cent hin. Dann lässt du es halt mal liegen.»

António lacht ausführlich.

«Es geht dabei nicht um uns. Es geht darum, das gewissensbelastungsfrei zu machen. Gerade in Frankfurt erlebst du die Menschen, die *just on time* ihr Essen haben wollen. Da verdient jemand genug, sich erlauben zu können, Zeit zu sparen. Bei *Foodora*, wo ich früher gearbeitet habe, konntest du sagen: Bring mir das um 17 Uhr. Ich hab im Finanzdistrikt erlebt, dass da dann jemand aus der Dusche kam und du genau in dem Moment kommen und das Essen bringen solltest. Das musste dann genau zu diesem Zeitpunkt da sein.

So ein Typ taktet sich bis um 23 Uhr, dann geht der schlafen und steht um 6 Uhr wieder auf. Geht vielleicht vorher noch ins Fitnessstudio und sitzt den ganzen Tag in so 'nem Banktower. Hinterher nennt er es Leben. Und wir haben dann die Aufgabe, dieses Leben möglich zu machen. Und am Ende treffen sich die Reichen alle am gleichen langweiligen teuren Urlaubsort. Und die Armen treffen sich in Tunesien und machen die gleiche Scheiße, nur prolliger. Die meisten Reichen sind an sich keine böswilligen, raffgierigen Menschen. Sie nehmen ihre Privilegien bloß nicht wahr.» Und er ergänzt: «In Deutschland, wo man materiell abgesichert ist, geht es bei Armut nicht nur um Geld. Es geht um Teilhabe. Dazu gehört, auch mal auf Twitter Aufmerksamkeit zu bekommen.»

«Ein Assi bleibt immer ein Assi. Arbeiterkind bleibt immer Arbeiterkind. Ausländer bleibt immer Ausländer.»

António haut all diese Sätze raus. Und auch welche über seinen neuen Job als Betriebsrat. Er beschreibt die Betriebsräte von *Lieferando* als «Phänomen», da sie nicht aus einer gewachsenen Struktur kommen. Er sagt: «Ich sehe, dass eine neue Klasse entsteht, über den Arbeitern. Junge, deutsche, blonde Männer schreiben dann auf Twitter nicht mehr ‹Dienstbote und Betriebsrat›, sondern ‹Betriebsrat›.»

In Frankfurt seien 70 Prozent der Belegschaft osteuropäischer oder nicht europäischer Herkunft, sie würden in Teilzeit und Vollzeit den größten Teil der Aufträge via Auto fahren. Im Betriebsrat seien aber überwiegend weiße studentische Minijobber oder Werkstudierende auf Fahrrädern, die noch nie mit einem der Autofahrer gesprochen hätten. «Ich möchte, dass diese Leute eine echte Chance haben, im Betriebsrat zu landen und mitzusprechen, nicht besprochen zu werden.» Im Betriebsrat wurde zu António gesagt, er sei «nicht repräsentabel» genug. Er hörte daraus: «Das kannst du doch gar nicht, du armer Schlucker.» Klassenkampf, Betriebsrat-Edition.

Besonders aufgeregt hat sich António, als er folgende Überschrift bei *Bento*, dem inzwischen eingestellten jungen Online-Portal des *Spiegel*, las: «Masterabsolvent in der Krise: ‹Ich habe nicht sechseinhalb Jahre studiert, um mich jetzt als Pizzalieferant zu bewerben.›[70]

Genau das seien dann die Leute, die in den Betriebsrat gingen, meint António: «Sie versuchen über den Betriebsrat, ihre Ansprüche ans Leben zu verwirklichen. Sie kommen nicht damit klar, dass nicht eintritt, was ihre Eltern ihnen versprochen haben, und sehen dann, dass sie als Akademiker mit einem Abschluss nichts zu beißen kriegen – das erleben Akademiker in Spanien und Portugal schon seit Jahren. Sie machen dann als Betriebsrat eine Politik, die zu nichts führt, die die Lage der Arbeiter nicht verbessert.»

Ich habe den Eindruck, dass dieser Artikel ihn auch deshalb so aufregt, weil António seinen Job wirklich gern macht. «Ja, der Job macht mir Spaß, ich habe Freude daran. Mir macht die Fahrerei Spaß, ich bekomme mit, was so in der Gastro los ist. Ich freue mich auch, im Schneesturm durch die Gegend zu fahren, ich bin gerne auf dem Rad durch die Stadt unterwegs. Auch nachts – das ist für mich als ADHSler super, da gibt's weniger Reize.»

António und ich vereinbaren eine gemeinsame Tour

durch Frankfurt. Eigentlich sollte es die «harte Tour» werden, wie António mich mehrmals grinsend vorwarnte. Dafür waren wir eigentlich im Februar verabredet. In seiner Vorstellung: Schnee oder immerhin Nieselregen. Und ich neben ihm auf dem Fahrrad. Tatsächlich treffen wir uns aber Anfang März, und der Himmel ist strahlend blau.

«Komm doch zu mir, wir trinken einen Tee und fahren dann von mir los zur Schicht», schreibt António mir auf *WhatsApp*. Es ist 11 Uhr morgens, in der Rödelheimer Wohnung läuft Radio, António raucht noch eine Zigarette in der Küche, wir trinken Tee. Heute beginnt er die Schicht von zu Hause aus, um 12 Uhr geht es los.

Vorher gibt er mir noch eine Warnweste mit *Lieferando*-Aufschrift und ein Reflektorband für mein Handgelenk. «Das ist gut, wenn du abbiegst, dann sehen dich die Leute besser», sagt er. Meinem geliehenen Fahrrad stellt er direkt den Sattel höher, einen Inbusschlüssel hat er in seiner orangefarbenen *Lieferando*-Tasche dabei. Eine Wasserflasche nicht. «Aber stimmt, muss ich mir mal wieder zulegen.»

Um 12 Uhr fahren wir über eine Brücke, die von Rödelheim in die Innenstadt führt. António steigt kurz ab und loggt sich in die *Lieferando*-App ein. Aber irgendwas stimmt nicht. «Ich hab mich eine Minute zu spät angemeldet, und jetzt zickt die App rum», sagt er augenrollend. «Schicht beendet» steht auf dem Display. Dann ruft er in der Zentrale an. «Meistens geht da aber niemand ran.» Und: «Na toll, jetzt habe ich meinen Job wegen einer Minute verloren.»

Meistens verstehe ich seinen Humor, aber gerade nicht. Ich bin unsicher, ob das wirklich so sein könnte. Vom Gespräch höre ich nur Antónios Hälfte, der Rest ist in seinem Stecker im Ohr. Eine wirkliche Antwort auf die Frage, was da gerade los war, gibt es nicht. Aber immerhin: Die App funktioniert wieder. Die erste Bestellung ist da.

Ein paar Minuten später, an einer Ampel, dreht António sich herum und ruft mir zu: «Ey, dann hat der Typ sich echt noch am Telefon aufgeregt wegen einer Minute. Wegen einer Minute!» Es wird grün.

Erste Station: indonesisch. Im Restaurant steht das Essen bereits auf dem Tisch, António schnappt sich die Papiertüte, packt sie in seinen würfelförmigen Rucksack und befestigt ihn mit einem Gummigurt auf dem Gepäckträger. «Ich verstehe nicht, warum andere Rider den auf dem Rücken tragen – viel zu schwer», sagt er. Und dann geht's los, fünf Kilometer durch Frankfurt. Ich wusste nicht, dass es hier so hügelig ist. Obwohl ich viel Fahrrad fahre, muss ich mich ziemlich anstrengen, mit António mitzuhalten. «Fährst du immer so schnell?», rufe ich ihm zu. «Eigentlich schneller als jetzt», ruft er über die Schulter. Okay, ich halte mal lieber die Klappe. Ich merke, wie ich aus der Puste bin, jetzt schon. Schon bei der ersten Lieferung. Reiß dich mal zusammen, denke ich schwitzend.

Die Lieferadresse für das indonesische Essen ist in einem Neubau, auf dem *The Flag* steht. «Hier wohnen nur reiche Studenten, denen die Eltern eine Eigentumswohnung bezahlen», erklärt António, und tatsächlich öffnet eine sehr junge Person die Tür. Im Aufzug sehen wir die Werbung für die anderen *The Flags* in Deutschland, Österreich und der Schweiz. Auf der Website steht: «Wohnen auf Zeit für Business und Reise – von einer Nacht bis zu sechs Monate finden Sie bei uns ein Zuhause und das in zentraler, trendiger Lage mitten in Frankfurt, nahe der Europäischen Zentralbank». Das «Executive Comfort Studio» kostet laut Website für Singles 129 Euro pro Nacht und für Paare 169 Euro pro Nacht.

Das Essen übergeben wir im siebten Stock, hier gibt es ein großes Panoramafenster mit einem Blick über Frankfurt. Und auf die Zentralbank. Wieder unten angekommen, sagt António: «Wir fahren kurz zu *McDonald's*», und düst davon. Ich hinterher, ziehe aber vorher noch meine Jacke aus, mir ist warm.

Ob António auch Hunger hat? Es ist jetzt fast 13 Uhr, ich hatte nur ein kleines Frühstück, also ich hätte Lust auf Pommes. Andererseits haben wir erst ein Essen ausgeliefert, ich werde sicher nicht sagen, dass ich Appetit habe. Angekommen bei *McDonald's* schäme ich mich für meine Gedanken. Wir sind natürlich hier, um Essen abzuholen und zu liefern. Die Bestellung ist noch nicht fertig, wir müssen warten. Mir war bis dahin überhaupt nicht klar, dass man bei *McDonald's* Essen bestellen kann.

Die große Papiertüte liefern wir in ein Neubaugebiet. Es erinnert mich an *The Flag*, nur in kleiner. Alles wirkt sehr unpersönlich. Als würden auch hier Menschen nur für eine gewisse Zeit wohnen. Die Beete sind ordentlich geharkt, der Rasen gemäht.

Anschließend fahren wir zur Kleinmarkthalle und gehen in die erste Etage, wo Senior*innen gerade Mittag essen. Auf den Tellern sehe ich Kartoffeln und Fleisch. «Hier holen wir Hausmannskost ab», erklärt António und packt die Tüte in seinen orangefarbenen Rucksack. Die nächste Station ist ein vietnamesisches Restaurant, vor dem viele junge Leute in ihrer Mittagspause sitzen. Die Person, zu der wir das Essen liefern, möchte es vor die Tür gestellt bekommen. Wir sehen sie also gar nicht.

Zwischen der nächsten Bestellung und der Lieferung werden meine Beine wattig. Ich überlege die ganze Zeit, António zu bitten, langsamer zu fahren. Aber ich traue mich nicht. Also hetze ich hinterher. Denke daran, dass heute die Sonne scheint und António das immer macht, bei allen Witterungsbedingungen. Bei 35 Grad im Schatten, bei Regen, bei Schnee, bei Kälte. Und ich bin außer Atem von ein paar Stunden cruisen durch Frankfurt, es ist mir wirklich unangenehm. Ich versuche, mir nichts anmerken zu lassen. Zum Glück haben wir immer wieder zwischendurch die Stopps bei den Restaurants und den Kund*innen. Und die meisten, denen wir an diesem Tag etwas liefern, haben Fahrstühle oder wohnen im 1. oder 2. Stock. Glück gehabt. Wenn wir anderen *Lieferando*-Fahrern entgegenkommen, hebt António die Hand. Ich kenne den Gruß von meinem Vater, wenn er Lkw fährt – und von Busfahrer*innen.

Wir kommen an einem Graffiti vorbei, an die Wand einer Unterführung ist «poor» (arm) gesprüht, hinter dem Graffiti steht ein großes Bankgebäude. Als wir durch einen kleinen Park mitten in Frankfurt fahren, ruft António über seine Schulter zu mir: «Das ist der *Central Park West*!» Ich sehe fast nichts mehr vom strahlend blauen Himmel, die Wolkenkratzer verschlucken das Sonnenlicht. So, wie die Wolkenkratzer das ganze Geld verschlucken. Sie lassen wenig übrig für die Menschen am Boden. António kommentiert es so: «Was haben denn die Leute hier unten davon, dass hier die Penisbauten stehen?»

Die letzte Lieferung muss in genau ein solches Hochhaus am *Central Park West*. Am Eingang steht ein Security-Mensch, wir gehen durch eine Schiebetür rein, das Erdgeschoss besteht aus einem großen weißen Eingang mit einem Mann im Anzug, der hinter einem Empfangstresen sitzt. Er kann den Namen, dem wir Essen bringen sollen, nicht auf seiner Hausliste finden und schickt uns deshalb nach nebenan. «Dort arbeiten viele Leute», sagt er. Nebenan gibt es wieder einen großen Empfangsbereich. Dahinter allerdings Menschen an Tischen, die arbeiten. Café-Atmosphäre. Und es klackert. Ein paar Leute spielen Tischtennis.

Die Frau am Empfang deutet auf einen Screen, der vor uns hängt. Es ist ein Gerät, das dafür gemacht wurde, dass Lieferfahrer*innen Namen eingeben können von den Menschen, die etwas zu essen bestellt haben. Ich kann es im ersten Moment gar nicht fassen, dass es das gibt, aber so ist es. Dann denke ich an Antónios Erzählung von den Menschen aus dem Finanzdistrikt, in dem wir gerade stehen. Sie nennen es Leben, sagte er. Ich kann jetzt fühlen, was er damit meint.

Den Namen finden wir in diesem Gerät nicht. Wir gehen noch mal zurück zu dem anderen großen Empfang, und da steht dann ein anderer Mann im Anzug, der bereits auf sein Essen gewartet hat. «Guten Appetit», sagt António bei der Tütenübergabe. Beim Verlassen des Gebäudes klickt er auf sein Telefon, die Schicht ist beendet. Sein Telefon zeigt die Statistik für diese Schicht an: 5 Aufträge, 20,9 Kilometer, 1 Stunde und 55 Minuten, 1,64 Euro Trinkgeld.

Ich schreibe António am nächsten Tag bei *WhatsApp*, dass ich ohne Muskelkater aufgewacht bin. Er antwortet: «Solltest du auch nicht haben von der kurzen Strecke. Wenn du das mit dem Rad kontinuierlich Teilzeit/Vollzeit machst, dann schaust du zu, dass du an 6 Tagen die Woche 6–8 Stunden Schicht fährst.»

Ich antworte mit einem schwitzenden Emoji.

Welche Gefühle verbindest du mit Geld?
Gut, wenn's da ist.

Wie viel Geld ist Geld genug?
So viel, dass du dir bei *Zalando* etwas kaufen kannst, was dir ein bisschen gefällt und was ein bisschen aus der Reihe fällt. Dann reicht's. Dann fängt es an zu genügen.

Was kannst du dir gerade nicht leisten?
Teureres Essen. Ich muss auf Essenskosten schauen, die sind ja gerade explodiert.

Was ist das Beste, was man sich für Geld kaufen kann?
Gesundheit.

Was kann man sich nicht von Geld kaufen?
Glück, Zufriedenheit. Ganz viele Menschen, die ganz viel Geld haben, führen schreckliche Leben. Ab einem gewissen Punkt ist Geld nicht gleich Glückssteigerung. Danach fängt der Stress wieder an.

Wer sollte mehr Geld haben?
Ich natürlich! Und meine Kollegen. Wir leben hier in fucking Frankfurt. Wir brauchen mindestens 15 Euro netto die Stunde, damit wir hier ernsthaft über die Runden kommen können.

Wer sollte weniger Geld haben?

Die Leute im Bankenviertel. Die werden total überbezahlt für roboterartige Tätigkeiten. Die sind nicht schlauer als wir.

ELISA Wir treffen uns im Foyer eines Theaters. Dem Ort, an dem ich nie so richtig weiß, wie ich mich verhalten soll. Auf der Bühne ging es um sozialen Aufstieg. Ein Thema, mit dem sich Elisa viel beschäftigt, auch aus eigener Betroffenheit. Das weiß ich, seitdem wir uns bei einer anderen Veranstaltung das erste Mal persönlich kennenlernten und einen gemeinsamen Nachhauseweg hatten.

Elisa wurde 1985 in einer Kleinstadt in der damaligen DDR geboren, studierte Jura und Politik und arbeitet in der Politik. Heute im Theater-Foyer sitzen wir mit mehreren Leuten an einem Tisch und Elisa sagt einen Satz, der mich überrascht. «Ich bin jetzt verbeamtet.» Sie sagt das sehr fröhlich. Ich frage ein bisschen verwirrt: «Wie fühlt sich das an?» Elisa antwortet: «Total gut.» Es gebe ihr Sicherheit, ergänzt sie. Das zweite Wort – neben der Verbeamtung –, das in mir ein Unwohlsein auslöst. Ich will die Unterhaltung an diesem Abend an diesem Tisch nicht sprengen und frage Elisa deshalb, ob sie mit mir für dieses Buch unser Gespräch über unsere unterschiedlichen Perspektiven auf Geld und Sicherheit weiterführen würde. Sie sagt zu.

Einige Wochen später besuche ich Elisa in ihrer Wohnung in Berlin-Schöneberg. Sie öffnet mir im dritten Stock die Tür, trägt eine schwarze Leggings und einen grünen Blazer. Wir setzen uns im großen Wohnzimmer einer 100-Quadratmeter-Wohnung an den runden Tisch. Alles ist aufgeräumt. Ich erwische mich bei dem Gedanken, dass die Wohnung *Instagram*-Material ist. Elisa ist dort nicht sehr aktiv, macht sich aber viele Gedanken über die Plattform, die sie «Neid-Maschine» nennt. Wir trinken Tee, die ersten Fragen beantwortet Elisa wie aus der Pistole geschossen. Die meisten Menschen, denen ich für dieses Buch Geld-Fragen gestellt habe, haben schnell und spontan auf meine Fragen geantwortet. Aber keine so schnell und so bestimmt wie Elisa. Ich erkläre es mir damit, dass sie sich schon lange mit den Themen sozialer Aufstieg und den damit verbundenen ökonomischen Grenzen und Möglichkeiten beschäftigt. Ihre Antworten setzen eine intensive Reflexion voraus. Das fällt mir beispielsweise auf, als sie auf die Frage, was das Beste sei, was man mit Geld kaufen könne, sofort «Status» antwortet. Aber was genau bedeutet das?

Elisa sagt, sie materialisiert ihren Status. Kauft sich Dinge, die ihren Aufstieg verdeutlichen. Die Wohnung ist das eine. In welchem Stadtteil kann man sich die Miete leisten?

Ein weiteres Thema ist Kleidung. Wie sehe ich aus, was trage ich, was strahle ich aus, welche Marken trage ich, welche Handtasche? «Vor allem, wenn man aus ärmeren Verhältnissen aufsteigt und das Milieu wechselt, dann braucht man erst mal materielle Marker, die das verdeutlichen. Dafür nutze ich Geld», sagt Elisa.

Auch Unsicherheit ist dabei ein Thema. «Ich glaube mir den Aufstieg manchmal selbst nicht und denke, dass sich das alles auch schnell wieder in Luft auflösen kann. Ich versuche dann, mich selbst zu vergewissern», erklärt Elisa. Und ergänzt, es gebe auch viel, was man sich nicht kaufen könne. Geld ist für Elisa ein Mittel, um Sicherheit zu gewinnen. Und was Sicherheit bedeutet, auch das bringt sie auf den Punkt: «Sicher zu sein bedeutet für mich, von der Angst befreit zu sein, in der Gosse zu landen. Ich habe eine krasse Angst vor sozialem Abstieg, obwohl mein Leben in vielerlei Hinsicht ein Aufstieg ist. Rational weiß ich, dass ich mittlerweile sehr gut abgesichert bin. Aber emotional und unterbewusst ist das noch lange nicht angekommen. Ich werde diese Angst nicht los.»

Die Angst vor der Gosse, das ist für Elisa vor allem die Angst, «raus» und aufs Jobcenter angewiesen zu sein, am Rand der Gesellschaft zu stehen, ihren Job zu verlieren, kein Dach mehr über dem Kopf zu haben, einfach alles zu verlieren. Nach ihrem Studium war sie kurz auf das Jobcenter angewiesen – dort in der Schlange zu stehen, beschreibt sie als krasse Erfahrung, die sie nie wieder erleben möchte. «Die Angst und Verzweiflung zu spüren, das war schlimm. Geld ist bei mir eng mit Job verknüpft. Ich kann Geld nur haben, wenn ich arbeite. Es gibt Menschen, die müssen nicht arbeiten, um Geld zu haben. Aber bei mir ist das anders.»

Elisa erklärt sich das selbst mit ihrer ostdeutschen Biografie. Sie war 1989 vier Jahre alt, bekam die deutsche Einheit und ihre ökonomischen und gesellschaftlichen Folgen aber durch ihre Eltern mit. Geld erhielt eine ganz andere Bedeutung. Sie erzählt, wie sie der Systemwechsel prägte, vom Sozialismus zum Kapitalismus: «Du wachst auf einmal in einem Land auf, in dem Geld und Kapital alles ist, was zählt – aber die Leute haben das nicht. Und noch dazu verlieren sie ihre Jobs. Das ist ein Gefühl von krassem Kontrollverlust und Unsicherheit, das hat mich für mein Leben geprägt. Nicht zu wissen, wie es weitergeht, was man zu erwarten hat. Diese Unsicherheit hat sich tief in meinen Körper eingeschrieben. Ich hasse es, abhängig zu sein. Geld ist Unabhängigkeit. Geld ist Stärke.»

Elisas Vater arbeitete in einem kleinen Betrieb, der er später auch leitete. Nach der Wende wurde dieser Betrieb verkauft und, wie es heißt, «abgewickelt». Erst war er arbeitslos, dann machte er verschiedene Jobs, zum Beispiel Entrümpelungen von Firmen, die ebenfalls abgewickelt wurden, bis er wieder eine feste Stelle fand. Elisas Mutter arbeitete in einer großen Fabrik. Auch sie verlor nach der Wiedervereinigung ihren Job; später arbeitete sie als Köchin. «Anfang der 90er-Jahre bekam sie ein Suchtproblem, und das ist auch das, was ich mit Gosse verbinde: Die Kontrolle über das eigene Leben zu verlieren.» Elisa wuchs gemeinsam mit ihrer Schwester bei ihrem Vater auf. Sie sagt: «Die 1990er-Jahre waren echt grausam.»

Mit der Wiedervereinigung veränderte sich das Leben ostdeutscher Menschen von einem auf den anderen Tag komplett. Am 1. Juli 1990 trat die Währungs-, Wirtschafts- und Sozialunion in Kraft. Aus der Mark wurde die D-Mark, aus der Planwirtschaft die Marktwirtschaft. Die Arbeitslosigkeit in Ostdeutschland stieg massiv an: Die Zahl der Beschäftigten sank von rund 9,8 Millionen im Herbst 1989 auf 6,7 Millionen Ende 1991.[71] Besondere Probleme, neue Jobs zu finden, hatten Frauen. Im Jahr 1997 erreichte ihre Arbeitslosenquote mit 20,6 Prozent den Höhepunkt. Elisa versetzt sich in ihre Eltern: «Du bist 30 Jahre alt, hast zwei

Kinder, und plötzlich bricht der Staat zusammen, in dem du lebst.»

Im April 2022 veröffentlichte die *Hans-Böckler-Stiftung* eine Studie, die über die Einkommensverhältnisse in Deutschland berichtet. Die Stiftung gab eine Karte heraus, auf der sie die einzelnen Kreise in Deutschland mit verschiedenen Farben kennzeichnete. Je dunkler die Länder, desto höher das Einkommen. Was auf den ersten Blick klar zu erkennen ist: links und unten (Westdeutschland) dunkel (hohes Einkommen), rechts (Ostdeutschland) hell (niedriges Einkommen). Man sieht ziemlich genau, wo die Grenze verlief. Auch heute gibt es diese Grenze noch: im Einkommensgefälle. Und nicht nur hier, auch bei vielen anderen Themen, wie der Verteilung von Vermögen, der Infrastruktur, beim Thema Vereinbarkeit oder bei der Kinderbetreuung – die beiden letzten Punkte waren in Ostdeutschland wesentlich besser geregelt.

Ganz oben in der Einkommenspyramide liegen Bayern und Baden-Württemberg, im Durchschnitt ist das Pro-Kopf-Einkommen hier etwa 2600 Euro höher als im übrigen Westdeutschland.[72] Ganz unten stehen Sachsen und Thüringen. Mehr als 30 Jahre nach der Wiedervereinigung sind die Menschen in Ostdeutschland sehr viel häufiger von Armut betroffen als Menschen in Westdeutschland. Der Anteil der wohlhabenden Menschen ist im Westen fast dreimal so hoch wie im Osten. Nachdem die Unterschiede lange stabil waren, wurden sie zuletzt sogar wieder größer.

Nach der Schule zog Elisa zum Studium nach Heidelberg. Sie musste Schulden machen, um ihr Studium zu finanzieren. Schuld und Schulden, das hängt ja auch irgendwie zusammen, sagt Elisa. Sie erzählt von Schuldgefühlen wegen des Umzugs von der ostdeutschen Kleinstadt nach Heidelberg, vom Gefühl, ihre Familie im Stich gelassen zu haben. Doch die Schuld wurde ihr nicht signalisiert, sie kam eher aus Elisa selbst: «Durch den Aufstieg lässt man ja auch jemanden zurück, man verändert sich, hat auf einmal Chancen und Möglichkeiten, die andere nicht haben.» Ihr Vater unterstützte sie in allem und riet ihr: «Sieh zu, dass du wegkommst, hier gibt es eh keine Jobs.»

Manchmal denkt Elisa daran zurückzukehren – den Rechten nicht den Landstrich zu überlassen. Aber es stimmt, was ihr Vater sagt, es gibt dort weiterhin nur wenige gute Jobs. «Und mein Mann hat neben der deutschen eine zweite Staatsbürgerschaft und sieht auf den ersten Blick nicht gerade typisch deutsch aus», erklärt sie einen weiteren Grund, nicht zurückzugehen.

Auch wenn es dort kein Nazi-Problem gibt, kann ich mir eine Rückkehr in das Dorf meiner Eltern nicht vorstellen. Dort fährt der Bus nur zwei Mal am Tag in die nächste Stadt. Verpasst man den, hat man Pech gehabt. In Elisas Herkunftsstadt ist das anders, es gibt sogar eine gute S-Bahn-Verbindung. «Die Stadt, aus der ich komme, ist wunderschön, und die angrenzende Natur auch.» Eine Rückkehr kann sie sich aber trotzdem nicht vorstellen, das Beklemmungsgefühl durch die Erfahrung ihrer Kindheit und Jugend ist zu stark.

Aus dem, was Elisa erlebt hat, könnte auch Geld-Hass entstehen, wie bei mir. Aber sie findet es total okay, Geld zu haben. Sogar gut. «Ja, na ja», sagt sie. «Ich sehe gerade nicht, wie man Geld komplett abschaffen könnte. Aber das Wissen – auch aus der eigenen Erfahrung heraus –, wir müssen nicht immer in diesem System leben, das spielt für mich schon eine große Rolle». Auch deshalb beschäftigt sie sich viel mit sozialer Gerechtigkeit. Auch das hat ihre Studienwahl und ihren beruflichen Werdegang beeinflusst.

Nach ihrem Jurastudium arbeitete sie erst mal als Sekretärin – einfach nur, um nicht zum Jobcenter zu müssen. «Ich habe oft die Zähne zusammengebissen und habe eine Härte mir selbst gegenüber entwickelt, statt Hass aufs Geld.» Das Jobcenter beschreibt Elisa als Horror. Die erste Frage, die ihr dort gestellt wurde: Sind Sie schwanger? «Ich war sprachlos, weil ich das als so übergriffig und deplatziert empfand.» Elisa schämte sich, dort zu sein, auf das Jobcenter angewiesen zu sein.

Heute hatte sie mit dem Jobcenter länger nichts mehr zu tun. Auf ihrem Konto sind gerade 350 Euro. «Ich bin zwar verbeamtet und verdiene knapp über 4000 Euro netto, viel mehr als die meisten Menschen in diesem Land.» Von ihrem Gehalt gehen 1200 Euro auf das gemeinsame Konto mit ihrem Mann, der ungefähr gleich viel verdient wie Elisa. Sie zahlen 1200 Euro Miete im Monat, dazu kommen Strom, Telefon, Internet und eine Reinigungskraft. Elisa zählt auf, was noch von ihrem Gehalt abgeht: «150 Euro BAföG-Rückzahlung, 375 Euro Rückzahlung für privates Studiendarlehen, 380 Euro private Krankenversicherung, 1000 Euro für meine Psychoanalyse.» Elisa tippt Zahlen in ihr Handy: «Somit bleiben 895 Euro.» Die Sicherheit im Geld sucht sie auch, um sich die Psychoanalyse zu finanzieren, nachdem die von der Krankenkasse finanzierten Stunden ausliefen.

Psychische Gesundheit ist in Deutschland häufig eng mit Geld verknüpft. Denn die Versorgung durch eine Psychotherapie muss man sich leisten können. Es gibt zwar die Möglichkeit, eine Therapie zu machen – aktuell müssen Menschen allerdings monatelang auf einen Platz warten. Selbst wenn sie akut erkrankt sind. Das liegt unter anderem an der begrenzten Anzahl an Kassenzulassungen von Therapeut*innen. Die Möglichkeit, sich Expert*innen ohne Kassenzulassung zu suchen, ist abhängig von Geld, denn diese Therapien müssen die Patient*innen selbst bezahlen. Man braucht also Zeit oder Geld, meistens beides. Die Nachfrage nach einer psychotherapeutischen Behandlung ist durch die Corona-Pandemie noch mal gestiegen – die Kassenzulassungen allerdings nicht.

Der Posten Psychoanalyse ist ein großer bei Elisa, die 350 Euro auf ihrem Konto machen sie nervös. «Vor einigen Tagen war mein Handy zwei Tage gesperrt, weil die Rechnung im Dispo nicht abgebucht werden konnte», sagt sie. Ich kenne das, auch mein Mobiltelefon ist manchmal gesperrt – mal, weil ich die Überweisung vergesse, mal, weil gerade das Geld dafür nicht auf meinem Konto ist. Das locker nehmen zu können, ist für mich eines der Zeichen dafür, dass es finanziell nicht mehr so knapp ist, wie es in existenzielleren Phasen schon war.

«Ich habe mich einfach nur gewundert, dass ich mit meinem Einkommen in so eine Situation komme», sagt Elisa. Auch sie hat den Einkommensrechner von *Zeit Online* ausprobiert. Dabei kam heraus, dass sie zusammen mit ihrem Ehemann zu den oberen 10 Prozent gehört.

Verändert sich das, was man braucht oder sich wünscht, mit dem Einkommen? Wenn man sich einmal einen teuren Pullover gekauft hat, wird das dann normal? Will man immer mehr? Elisa meint, nein. Aber es verändert sich trotzdem etwas: «Mit steigendem Einkommen will man sich andere Sachen leisten. Ich habe zum Beispiel H&M satt, wegen der Qualität und der Produktionsbedingungen. Ich verstehe aber Leute, die nur dahin gehen können – das soll keine Abwertung sein. Ich verstehe alle, die dort einkaufen. Während meiner Studienzeit habe ich dort ständig Ausgeh-Tops und 10-Euro-T-Shirts gekauft.» Elisa lacht. Heute hat sie weniger in ihrem Kleiderschrank und kauft auch weniger. Und sie hat eine Das-mach-ich-wenn-ich-zu-viel-Geld-habe-Liste. Darauf steht: Ein Regal für das Bad – «ein *Montana*-Regal, das kann man sich individuell gestalten lassen, es sieht superschön aus. Da kostet aber so ein ziemlich banales Badregal 2000 Euro.» Außerdem steht eine *Acne*-Jeans auf der Liste. «Aber die kann ich streichen», sagt Elisa. Letztens hat sie sich eine gekauft, weil eine andere kaputtging. So eine Jeans kostet 220 Euro, «aber die halten dann auch fünf Jahre, und ich lasse kleinere Verschleißerscheinungen beim Schneider ausbessern». Auch auf der Liste: 5000 Fuck-you-Money. Geld, mit dem sie eine Weile klarkäme, wenn sie ihren Job kündigen würde.

Und ein Wasserfilter: «Meine Frisörin sagt, dass Wasser in Berlin ist zu hart und nicht gut für die Haare.» Elisa lacht. Hin und wieder, wenn mal Geld übrig ist, erfüllt sie sich einen (kleineren) Wunsch von der Liste.

Manchmal wird Elisa danach gefragt, wie teuer ihre Kleidung ist. Eine Kollegin wollte zum Beispiel den Preis eines ihrer Blazer wissen. Er kostete 150 Euro. «Die Kollegin sagte dann: ‹Oh krass, so was kann ich mir gar nicht leisten.›» Elisa war irritiert, denn die Kollegin arbeitete im gleichen Job, zum gleichen Gehalt, auch in Vollzeit, auch ohne Kinder. «Das habe ich irgendwie nicht verstanden.»

Das erinnert mich an ein ähnliches Erlebnis, bei dem es auch um Preise von Kleidung ging: Eine ehemalige Kollegin von mir trug bei einem gemeinsamen Arbeitsfrühstück einen wunderschönen Mantel. Ich sah ihn, ich wollte ihn haben (ich zog ihn an, hatte aber natürlich vorher gefragt). Ich fand ihn weiter wunderschön, deshalb fragte ich sie, woher sie ihn hatte. Er war von einer teuren Marke, *Acne*. Als ich Elisa die Geschichte erzähle, sagt sie: «Ah, ich habe auch einen Pullover von *Acne*!» Und ich frage sie: War der auch so teuer? Elisa antwortet: «300 Euro.»

Die Kollegin mit dem wunderschönen Mantel antwortete damals nicht auf die Frage. Sie wollte weder sagen, woher sie ihn hatte, noch wie teuer er war. Dabei konnten wir das natürlich einfach googeln. Es war ihr aber unangenehm, den Betrag zu sagen.

Für Elisa ist alles klar: «Tja, Angst vor Neid!» Allerdings geht sie selbst damit anders um und spricht auch über Preise. Manchmal fügt sie aber noch eine Rechtfertigung hinzu: «Ich habe ein, zwei teure Handtaschen – die kann ich mir leisten, weil ich Steuerrückzahlungen bekommen habe oder neben meinem Job noch freie Aufträge mache.»

Neid lebt vom Vergleich, so erklärt es der Psychoanalytiker Eckehard Pioch. «Er entsteht aus der Wahrnehmung, dass jemand etwas besitzt, was ich nicht haben kann. Oder etwas ist, das ich gerne wäre.»[73] Er beschreibt eine konstruktive und eine destruktive Version von Neid. Bei der destruktiven geht es um das Gefühl, das Begehrte niemals erreichen zu können. Bei der konstruktiven darum, den Neid als Ansporn zu nutzen, sich Wünsche zu erfüllen.

Auch der Autor Bijan Moini sieht Neid als «Antrieb, der uns bestehende Strukturen hinterfragen und für gerechtere Verhältnisse kämpfen lässt».[74] Er ist der Meinung, nur ein konstruktiver Umgang mit Neid führe uns in eine gerechtere Gesellschaft. Am Ende müsste das bedeuten, dass wir uns bei jedem Neidgefühl die Frage stellen: Warum kann diese Person sich jetzt diesen Pullover leisten und die andere Person nicht? Und was können wir tun, damit es gerechter wird? Eine Fragestellung, die nicht unbedingt glücklicher macht als das Gefühl von Neid.

Interessant ist auch, dass wir generell neidischer sind auf Menschen, die uns ähnlich sind, als auf Menschen, die weiter weg sind – zum Beispiel in höheren Klassen. Einem Millionär neiden wir nicht unbedingt seine Jacht, sehr wohl aber unserer Kollegin den Blazer, der für unser Budget einen Tick zu teuer ist.

Social Media dient dabei oft als Verstärker. Elisa drückt es so aus: «*Instagram* ist eine Neidmaschine. Daran haben Influencer*innen einen großen Anteil. Sobald ich Instagram öffne, vergleiche ich mich automatisch. Es ist einfach zugespitzter Kapitalismus. Ich frage mich, ob wir in zwanzig Jahren Aufkleber draufmachen wie heute auf Zigaretten: ‹Achtung, gefährdet die mentale Gesundheit›.»

Elisas Idee finde ich nicht schlecht. Denn was wir auf *Instagram* sehen, kann gefährlich sein – jedenfalls ohne Reflexion über Medien und ihre Mechanismen. Auf *Instagram* werden nicht nur Filter verwendet, die die Realität verändern (also das, was Programme wie *Photoshop* schon seit Jahrzehnten machen). Was automatisch beim Scrollen passiert: Es entsteht ein Bild aus einzelnen Teilen, das Lücken lässt, die aber nicht sichtbar sind. *Instagram* ist ein

Puzzle mit fehlenden Teilen. Auf den fehlenden Teilen wären Botox-Behandlungen, Fotos mit Doppelkinn, Fotos mit Pickel, Chipstüten, Mahnungen, Steuererklärungen, unaufgeräumte Zimmer, schlechte Musik, abgeblätterter Nagellack, fettige Haare, Asymmetrie. Dass Menschen diese Puzzleteile nicht in Social Media teilen, ist eigentlich kein Problem – wenn aus dieser Unvollständigkeit nicht genau das entstehen würde, was Elisa beschreibt: Ein Bild, das nicht vollständig ist und Begierde und Neid entstehen lässt. Ein verzerrtes Bild. Es gibt zwar eine Gegenbewegung, allerdings ist die vergleichsweise klein. Ein bekanntes Beispiel ist Celeste Barber, die regelmäßig in Videos Influencerinnen parodiert. Für mich funktioniert das nicht wirklich, wenn eine normschöne Frau sich darüber lustig macht, wie andere, etwas dünnere normschöne Frauen überholte Frauenbilder präsentieren. Was mir allerdings generell fehlt, ist so etwas wie Durchschnittlichkeit. Bei Fotos, die eine Message gegen den Perfektionismus sein wollen, kippt es oft wieder ins andere Extrem, zum Beispiel unter dem #MehrRealitätAufInstagram. Aber für Durchschnittlichkeit haben Menschen Social Media auch nicht erfunden, die Algorithmen sind ja gemacht dafür, dass wir etwas besonders toll oder besonders doof finden und klicken (= kaufen).

Für Neid auf Social Media bin ich nicht anfällig. Vielleicht, weil ich das verzerrte Bild kenne, das Menschen von mir haben, die mir auf *Instagram* oder *Twitter* folgen. Oder Menschen, die meine Bücher kennen und meinen, mich dadurch zu kennen. Tut mir leid, das ist nicht so, es ist nur ein kleiner Ausschnitt, und auch der ist von mir kuratiert. Ich weiß, wie verschieden ein Leben sein kann zwischen digitalem Vorzeigeprofil und analogem Scheißleben, deshalb machen viereckige Bildchen und 15-Sekunden-Videos nicht viel mit mir.

Elisa erzählt von einem Video-Essay der Autorin Natalie Wynn.[75] Sie spricht darin über Neid, erklärt die Herkunft des Begriffs und Gefühls und zitiert berühmte Vordenker wie Aristoteles («Neid ist Schmerz über das Glück anderer») und Freud, der gesagt haben soll: «Soziale Gerechtigkeit ist auch, sich selbst etwas zu verweigern, was niemand haben soll.»

An dieser Stelle fühle ich mich ertappt. Ist dieser Gedanke vielleicht der Grund, aus dem mein ungutes Geld-Gefühl resultiert? Ertappt, denn: Als ich das Zitat höre, merke ich, dass der Gedanke Quatsch ist. Natürlich ändert sich die generelle (und ungerechte) Geldverteilung nicht, wenn ich viel oder wenig Geld habe. Wobei man den Gedanken natürlich noch weiterdenken müsste. Es erinnert mich an Diskussionen, die ich mit meiner Tochter zum Thema Klimawandel und Fliegen habe. Ich hasse Fliegen (noch mehr als Geld) und versuche, es, wo es nur geht, zu vermeiden. Auch wegen des Klimawandels, aber auch noch aus vielen anderen Gründen, die an dieser Stelle zu weit führen würden. Jedenfalls sagt mein Kind: «Mama, das Flugzeug hebt auch ohne dich ab.» Recht hat es.

Aber weitergedacht: Wenn ich auf das Flugzeug verzichte und Sie auch und mein Kind ebenfalls und noch ein paar Leute mehr, werden irgendwann auch weniger Flugzeuge starten, weil sie schlicht nicht gebraucht werden. Übertragen auf das Geldthema bedeutet das: Wenn ich als Einzelperson mehr Geld hätte, würde das an der generellen Ungleichverteilung von Geld nichts ändern. Wenn aber mehr Frauen, mehr Frauen mit Behinderungen, mehr von Rassismus betroffene Frauen, mehr Frauen, die in Armut aufgewachsen sind, mehr Geld hätten, dann würde das langfristig schon einen Unterschied machen.

Bevor Elisa und ich uns an der Wohnungstür in Berlin-Friedenau verabschieden, bewundere ich noch ihren Spiegel im Flur. So einen wollte ich schon immer haben, die Form eine Mischung aus Kreis und Oval. Wir philosophieren noch eine Weile über die perfekten Spiegelformen und schicken uns später Links zu Spiegeln, die wir schön finden. Bis heute habe ich mir immer noch keinen gekauft.

Wie viel Geld ist genug?

5000 Euro netto im Monat.

Welche Gefühle verbindest du mit Geld?

Sicherheit.

Was ist dein teuerster Besitz?

Mein MacBook, es hat 1200 Euro gekostet.

Was kannst du dir nicht leisten?

Immobilieneigentum.

Wer sollte mehr Geld haben?

Die Leute, die die Gesellschaft am Laufen halten. Menschen in sozialen Berufen, in der Pflege, Supermarktverkäuferinnen. Leute, die hart arbeiten, auch körperlich.

Wer sollte weniger Geld haben?

Influencer*innen. Nee, warte, ich nehme das zurück, das ist auch frauenfeindlich. Aber sie verkörpern so gut, was schiefläuft. Sie verdienen mit schönem Schein Geld und wecken Begierde und Neid.

Was ist das Beste, was man mit Geld kaufen kann?

Status. Sicherheit und Unabhängigkeit.

Was kann man sich nicht mit Geld kaufen?

Freundschaft.

SVEN «Das kann Sven machen», den Satz habe ich vor vielen Jahren oft gehört. Ich arbeitete als Redakteurin in einer Agentur, in der mein Kollege Sven irgendwie immer die Antwort auf alle Fragen war. Wer kann das machen? Sven. Er war immer gut gelaunt, witzig, schnell im Kopf. Am Wochenende legte er Minimal auf, sein DJ-Name: Tonk-Berlin. Heute ist das nicht nur sein Name als DJ.

Irgendwann arbeitete ich nicht mehr für die Agentur, Minimal hörte ich eh nicht, und deshalb hatte ich auch keinen Kontakt mehr zu Sven. Außer auf *Facebook*. Dort beobachtete ich über die Jahre seinen Aufstieg. Im Lauf der Zeit änderte sich die Art seiner Beiträge. Aus Fotos von Partys, auf denen er auflegte, wurden Fotos von Kaufverträgen für Wohnungen und Häuser.

Auf einem *Facebook*-Post steht Sven Faltin in weißem Hemd mit Fliege neben seiner Partnerin, die einen Vertrag in der Hand hält. Daneben ein weiterer Mann im Anzug, der Sven die Hand schüttelt. Der Text zum Foto: «Was kann es Schöneres geben, als am Geburtstag zwei Mehrfamilienhäuser zu kaufen?»

Ein anderer Beitrag zeigt ein Foto aus einem Gebäude an der Friedrichstraße in Berlin. Sven schreibt dazu: «The big day. Heute war mein großer Tag und mein Jahresziel, der Kauf eines ganzen Wohnungspakets (Volumen: 1,3 Mio. Euro), wurde notariell beglaubigt».

Scrollt man ein wenig auf seinem Profil hoch und runter, finden sich neben den Anzugfotos auch Bilder, die Sven in lässiger Kleidung zeigen. Urlaubsfotos mit verschiedenen Ortsangaben: Ägypten, Mallorca, Zypern, Dubai. Strahlende Sonne, blauer Himmel, kurze Hosen, großes Grinsen, gebräunte Haut.

Mit Menschen, die mit Geld und Status so umgehen wie Sven (jedenfalls nach außen), habe ich sonst in meinem Leben wenig zu tun. Zwar gibt es viele Menschen in meinem Umfeld, die mehr Geld haben als ich, aber wenige (vielleicht niemanden?), die es so gerne und auf diese Art und Weise zeigen wie er. Ich möchte mehr darüber wissen, wie es sich anfühlt, viel Geld zu haben, und auch wie es ist, so offen darüber zu sprechen und es zumindest mit der digitalen Welt zu teilen, deshalb schreibe ich Sven über Facebook an.

Ich: «Hi Sven! Ich suche eine Person, die mit mir darüber spricht, wie es ist, viel Geld zu haben. Hast du Lust?»

Sven: «Können wir gerne machen. Ich kann mir kaufen, was ich will. Hab einen teuren Sportwagen. Haus und Wohnungen. Fliege, wohin ich will. Kenne aber noch reichere Menschen. Musst du entscheiden.»

Ich: «Was verdienst du denn im Monat? Und warum hast du so viel Geld? (Ich glaube, jeder Mensch kennt noch reichere Personen ... Das wäre für mich kein Ausschlusskriterium.)»

Sven: «Vor Steuer 10–20 000. Locker. Und das stimmt. Darum wären deine Fragen interessant.»

Dann haben wir uns verabredet. Sven hat mich in sein Haus in Brandenburg eingeladen. Von Berlin aus bin ich eine Dreiviertelstunde unterwegs, ich fahre mit einem Car-Sharing-Auto. Sven wohnt in einer ruhigen Straße mit Einfamilienhäusern. Sein Haus liegt etwas weiter hinten als die anderen Häuser, deshalb denke ich für einen kurzen Augenblick, die Garage wäre das Wohnhaus. Sie ist riesig und hat, wie ich später erfahre, Platz für zwei Autos und einen großen Aufsitzrasenmäher. Als ich durch das Tor gehe, sehe ich dann das größere, das eigentliche Haus. Ein kleiner Weg führt von der Straße durch ein Gartentor zur Haustür. Sven steht schon da und winkt.

«Wie wollen wir das machen?», frage ich ihn und wedele mit meiner Maske in der Luft. «Ich kann gern meine Maske im Haus aufbehalten», biete ich ihm an. Aber Sven winkt ab: «Musst du nicht, komm einfach rein.» Ich sage ihm, dass ich dreifach geimpft und negativ auf Covid getestet bin. Er winkt noch mal ab und sagt: «Wir sehen das alles etwas anders.» Und: «Vielleicht sparen wir Politik heute als Gesprächsthema aus.»

Ich frage mich das erste Mal an diesem Tag, ob eine solche Einstellung auch mit Geld zu tun hat. In Kauf zu nehmen, krank zu werden. Das muss man sich leisten können. Oder ist es vielleicht ein Gefühl von Unverwundbarkeit? Wir haben in Berlin und Brandenburg zu dieser Zeit gerade eine Corona-Welle, überall ist Maskenpflicht. In Svens Haus nicht.

Sven nimmt mir die Jacke ab, ich ziehe meine Schuhe aus. «Möchtest du Hausschuhe?», fragt er mich. «Wir haben allerdings auch überall Fußbodenheizung, also eigentlich sollte es dir nicht kalt werden.» Ich bleibe in Socken und habe den ganzen Nachmittag über warme Füße.

Im Haus ist alles hell, weiß und beige. Leise läuft Musik im Hintergrund, es riecht nach frisch gebackenem Kuchen. Desi, Svens Partnerin, schmückt neben uns den Weihnachtsbaum ab, während Sven und ich uns an den langen Wohnzimmertisch setzen. Sie ist im siebten Monat schwanger mit dem zweiten Kind, das erste ist gerade in der Kita. Hier am Tisch haben mindestens zehn Menschen Platz, genau wie auf dem hellen Sofa, das in meinem Blickfeld liegt. Wobei, ich glaube, Sofa nennt man das nicht, eher Sofalandschaft. Einen Hund gibt es auch, auch er ist beige und weiß.

Ich darf mir einen Tee aus einer großen Teebeutelschublade aussuchen. Sven stellt uns beiden zwei Teetassen auf den Tisch, Desi bringt uns Kuchen und sagt: «Er ist nicht so gut geworden.» Für mich sieht der Kuchen super aus, Schokolade mit Kirschen und noch ein wenig warm.

Sven ist 1985 geboren, also vier Jahre jünger als ich. Wir erinnern uns an unsere gemeinsame Zeit in der Agentur, und ich frage ihn, ob er es auch so empfunden hat, dass er eigentlich immer der Typ für alle Fälle war. «Das war damals eigentlich ein guter Einstieg», sagt er. «Ich habe gelernt, dass ich mehrere Säulen brauche.» Die Arbeit in der Agentur, die Engagements als DJ, andere Aufträge. Das sei eins der wichtigsten «Learnings», wie er sagt: Nicht nur auf ein Projekt oder ein Unternehmen oder ein Haus zu setzen, sondern seine Arbeit auf verschiedenen Säulen aufzubauen. «Wenn dann eine wegfällt, hast du trotzdem Geld», grinst Sven und fährt sich durch die halblangen Haare, die er mit einem Zopfgummi zusammenbindet.

Unser damaliger Chef hatte ihn ermutigt, sich selbstständig zu machen, weil Sven ihm zu teuer wurde. «Damals habe ich gerechnet: Was brauche ich, um als Selbstständiger nicht zu scheitern? Das waren 55 Euro am Tag für mich. Also war mein Ziel, das zu verdienen. Als Komparse hatte ich zum Beispiel 60 Euro am Tag, das waren 5 Euro über dem Minimum.» So sei dann alles, also sein Geld, seine Projekte, seine Firmen, «organisch gewachsen». Auf seiner Website, die er noch unter seinem alten DJ-Namen betreibt, stellt er sich als Mediengestalter, DJ, Produzent und Unternehmer vor. Heute macht er immer noch viele verschiedene Dinge, bloß heute für viel Geld.

«Ich habe sehr viele Firmen», erzählt Sven. Außerdem besitzt er zwei Mehrfamilienhäuser, sieben Eigentumswohnungen in Berlin, zwei in Leipzig und ein Haus in Berlin. Und dann sein eigenes. Das nennt er allerdings nicht Haus, wenn er davon spricht, sondern «Objekt». Auch seine Partnerin spricht vom Objekt, wenn es um das Haus geht, in dem wir gerade Tee trinken.

Sven hat viele Firmen und viele Konten. Und er kümmert sich nicht nur um seine eigenen, sondern auch um das Konto seiner Mutter, die ihn allein großgezogen hat. Er unterstützt sie bei «Aktienkäufen und Vermögensaufbau» und zahlt mittlerweile einen Teil ihrer Miete. Früher wohnten sie zusammen in Marzahn-Hellersdorf, Ostberlin, seine Mutter arbeitet als Erzieherin. Mit seiner Aufstiegsgeschichte ist Sven eine Ausnahme und gleichzeitig der Beweis, dass es doch manchmal klappen kann, vom Typ-für-alles zum Selfmade-Millionär. «Selfmade-Multi-Millionär», korrigiert Sven meine Formulierung.

Er meint, für alle sei es möglich, aus eigener Kraft reich zu werden. Die Zahlen zeigen eine andere Realität. Frauen zum Beispiel sind in Deutschland eher selten Millionärinnen, insgesamt machen sie nur 30 Prozent aller Menschen mit einem Vermögen über einer Million aus. Nur 14 Prozent aller Millionär*innen in Deutschland haben einen Migrationshintergrund, sechs Prozent kommen aus den neuen Bundesländern und 40 Prozent sind über 65 Jahre alt.[76] Diese Zahlen sind kein Zufall. In allen Statistiken rund um sozialen Aufstieg oder Bildungsaufstieg wird klar: Der Zugang zu Geld, Status, Bildung ist nicht für alle Menschen gleich. Und nur, weil es Einzelne geschafft haben, können es nicht alle schaffen.

Für Sven jedoch liegt es eher an der Herangehensweise: «Die Leute wollen immer reich sein, wissen aber gar nicht: Warum will ich das, und was mache ich dann mit dem Geld? Wenn jemand eine Weltreise machen möchte, kostet die 80 000 Euro. Dann ist mein Ziel, 80 000 Euro zu haben, nicht, reich zu sein. Und das kann jeder erreichen.»

Sven weiß, wie es ist, mit wenig Geld zu leben, und auch, wie es ist, viel Geld zu haben. Macht Geld glücklich(er)? Er sagt: «Das würde ich so pauschal nicht sagen. Es gibt mehr Sicherheit. Natürlich kann man sich die Sachen, die Spaß machen, leichter erlauben. Verreisen, ein tolles Haus, ein noch tolleres Haus. Aber das macht per se nicht glücklich. Was glücklich macht, sind eher die Leute, die dich umgeben.»

Aber es gibt auch trennende Themen mit den Menschen, die ihn umgeben. Urlaub zum Beispiel. Sven ist Stammgast in der *Bleiche*, einem Luxus-Wellness-Hotel im Spreewald. «Da kostet ein Wochenende so viel wie eine Woche Urlaub in der Türkei», erzählt Sven. Er hat Freunde, die ihn ab und zu fragen, ob sie sich dort sehen wollen – so wie mich Freundinnen fragen, ob wir uns auf einen Kaffee treffen. «Das geht dann natürlich nicht mit allen Freunden», sagt er.

«Aber ich treffe immer noch meine Leute von früher, und wir können genauso gut eine schöne Zeit haben. Die freuen sich über mich und mein Leben, und ich freue mich über deren Leben.»

Politik wollten wir eigentlich ausklammern, aber wir sprechen natürlich trotzdem darüber, zum Beispiel über die Aufteilung von Geld in unserer Gesellschaft. Wer sollte mehr Geld haben, wer weniger? Sven erzählt von einem Experiment aus einem Hörbuch eines Ökonomen. «In dem Experiment wurde einer Gruppe von Menschen pauschal ein Betrag gegeben, wie ein bedingungsloses Grundeinkommen. Die Leute hatten am Ende des Jahres noch Geld übrig und haben in Summe den Staat nur noch 1/9 oder 1/10 von dem gekostet, was sie sonst gekostet hätten. In dem Buch wurde klar, dass mit sehr wenig Geld in sehr vielen Teilen der Erde sehr viel zu bewirken ist. Aus meiner Sicht sollte ein bedingungsloses Grundeinkommen weltweit eingeführt werden. Alle Menschen wissen selbst, was sie brauchen.»

Selbst wenn es das gäbe, bliebe ja eine Ungleichverteilung des Vermögens. Ist das gerecht? Sollen Menschen wie Bill Gates wirklich so viel Geld haben? Svens Meinung ist da ganz klar: «Ich würde es ihm nicht wegnehmen. Jeder Mensch will im Kern etwas Gutes. Auch Bill Gates ist bestrebt, was Gutes zu machen. Ob er das dann wirklich macht, darüber kann man sich streiten. Ich glaube nicht, dass er fahrlässig unterwegs ist. Natürlich stellt sich die Frage, ob man irgendwann zu mächtig ist. Aber er hat es sich trotzdem verdient mit Cleverness. Viele Menschen denken, reiche Menschen hätten einfach viel Geld auf dem Konto. Das stimmt aber nicht. Was zählt, sind Häuser,

Grundstücke. Das hilft ja auch der Wirtschaft zu wachsen. Wenn man das dann Bill Gates zum Beispiel wegnehmen würde, fehlt es auch in der Wirtschaft. Ich würde niemandem etwas wegnehmen.»

Der US-amerikanische Unternehmer Bill Gates gilt als einer der reichsten Menschen der Welt. Sein Vermögen beläuft sich laut Forbes auf 132,2 Milliarden US-Dollar, ausgeschrieben sieht das übrigens so aus: 132 200 000 000. Gibt man seinen Namen in eine Internet-Suchmaschine ein, tauchen folgende Fragen auf: «Wie viel Geld verdient Bill Gates in einer Stunde» (336 000 Euro) und «Wie viel Geld verdient Bill Gates pro Sekunde?» (Antwort: 93 Euro in der Sekunde).

Würde man Bill Gates ein wenig von seinem Vermögen wegnehmen, zum Beispiel über höhere Steuern, käme es anderen Menschen zugute. Sie könnten es nutzen, um vielleicht ebenfalls Firmen zu gründen oder etwas zu kaufen oder Mitarbeitende zu bezahlen. Das Geld wäre also nicht raus aus der Wirtschaft, es würde nur von anderen Menschen genutzt werden. Sven ist skeptisch: «In Deutschland zahlen wir ja relativ viel Steuern. Ich bin natürlich kein Freund davon, denn ich verdiene gut und muss einen Großteil davon abgeben. Ich habe aber auch keine Lust auf Steuerflucht. Das ist ja nicht der Effekt, den sich das Land wünscht. Was aber vielleicht cool wäre, wäre eine Transaktionssteuer. Also eine Steuer, die abgeht, wenn man etwas kauft. Zum Beispiel ein Brötchen im Supermarkt, und das hat dann 1 Cent Transaktionssteuer.»

Tatsächlich gab und gibt es immer wieder Pläne, eine solche Steuer auf Aktiengeschäfte zu erheben. Eigentlich hätte die Transaktionssteuer schon vor zehn Jahren in der

EU eingeführt werden sollen – bis heute ist sie in Deutschland immer wieder an einer starken Finanzlobby gescheitert.

Aktien, Immobilien, Firmenbeteiligungen, Sven hat hohe Ziele.

«Ich möchte eine teure Villa in Berlin bauen. Eine, die man so noch nicht gesehen hat. Der Rest kommt dann automatisch, weil ich vor vielen Jahren die Weichen gestellt habe. So ein Haus zahlt sich ja ab, dann kommt das Geld. Ich werde mit den Jahren immer schlimmer vermögend. Es wird immer mehr.»

Seine Frau hat sich zu uns an den Tisch gesetzt und sagt: «Und dann kommt so ein Wunsch wie die Villa. Braucht man das?» Sven denkt nach und antwortet dann: «Ein Freund von mir hat immer gesagt: Geld muss fließen. Das finde ich richtig. Das Geld kommt dann auch wieder in der Wirtschaft an. Aber es ist die Frage: Muss man sich die superteuren Sachen kaufen? Das muss jeder für sich wissen. Ich hoffe, dass es eine Grenze für mich gibt. Aber das weiß ich heute noch nicht. Es ist aber wichtig, Ziele zu haben. Was will ich nach der Villa? Ich habe einen Freund, der sich eine Luxus-Villa in Asien gebaut hat, an einem Berg, mit Blick aufs Wasser. Aber er ist momentan nicht glücklich.»

«Bist du denn jetzt glücklich?», fragt ihn seine Frau. «Na ja, nicht wirklich. Bei uns ist es ja auch gerade nicht so leicht.» «Nein, ich meine jetzt mit dem Geld.» «Ja, das schon. Aber Glück hat nicht viel mit dem Geld zu tun. Stimmt mein Umfeld? Mit dem Schneetraktor durch den Schnee zu fahren, das macht mir Spaß. Glück kommt von innen heraus, das hat auch viel mit Selbstwert zu tun. Das hat wenig mit Geld zu tun.»

Dann fragt Sven mich: «Was würdest du machen, wenn du vermögend wärst?»

Ich kann es mir nicht vorstellen, dann sage ich: «Wenn ich mal viel Geld auf meinem Konto habe – und damit meine ich mehr als 2000 Euro –, dann werde ich schon nervös. Eine andere Art von Nervosität, als den Dispo total ausgereizt zu haben, aber richtig fühlt es sich für mich dann auch nicht an.» «Dann muss es weg?», fragt Sven weiter. «Ja.» Wir lachen beide.

Plötzlich wird es hell im Wohnzimmer. Sven sieht mein verdutztes Gesicht: «Das geht automatisch an, eine halbe Stunde vor der Dämmerung.» Meine Füße sind noch immer warm.

Wie Elisa hat auch Sven eine Liste auf seinem Handy: «Dinge, die ich mal mache, wenn ich reich bin». Ein Punkt darauf ist ein Werbevideo, das er für die Bevölkerung in Kambodscha drehen möchte. «Dort wird der Müll verbrannt, weil viele das Geld für die Müllabfuhr nicht haben. Ich möchte denen ein Werbevideo machen, wie sie es zumindest richtig verbrennen. Sie verbrennen es komplett falsch und atmen das ganze Zeug ein. Mit 1000 Euro könnte ich so ein Video drehen, das Werbebudget müsste 50 000 Euro sein.»

Ein weiterer Plan von Sven ist es, Menschen in Bangladesch Geld zu leihen, ähnlich zu einem Projekt aus einem anderen Land. Sven ist sich sicher, dass die Menschen selbst wissen, was sie brauchen, und mit dem geliehenen Geld ihre eigenen Projekte verwirklichen würden.

Seine Frau schaltet sich ein: «Man kann das Geld doch auch einfach verschenken.» «Ja, aber das Leihen hat auch einen psychologischen Faktor», sagt Sven. In den vergangenen Jahren hat er sich viel mit Geldvermehrung und auch psychologischen Themen rund um Geld beschäftigt, immer wieder erzählt er von Hörbüchern von Ökonomen. Armut in den Ländern, in die er bereits gereist ist, hat Sven auf dem Schirm. Die Armut in Deutschland irgendwie nicht. «Es gibt hier ja ein Absicherungsnetz», sagt er.

Damit hat sich die Sache für ihn erledigt. Ich muss daran denken, was Forschende der New York University herausgefunden haben: Reiche Menschen nehmen andere Menschen weniger wahr. Sie halten größeren körperlichen Abstand zu anderen Menschen und reagieren unbewusst weniger intensiv auf sie – als Grund wird ihre finanzielle Absicherung angegeben, durch die sie sich als unabhängiger einschätzen. Der Wiener Forscher Druyen beschreibt Geld als «Herausforderung für den Charakter». Er sagt, Vermögen verändere Menschen, weil sie schlicht mehr machen können. Das würden sie dann mit ihrem Selbstwertgefühl verwechseln. Sie würden glauben, mehr zu sein, weil sie mehr haben.[77] Diese Gefahr sieht Sven auch. Seine Beobachtung ist, Geld mache Menschen arroganter. Er bemüht sich, es nicht zu werden.

Sven zeigt mir noch die Garage – «der SUV ist gerade in der Werkstatt» – und den Aufsitzrasenmäher. Jetzt, mit der Innenperspektive, wundert es mich gar nicht mehr so sehr, dass ich die Garage anfangs für das Haupthaus gehalten hatte. Es ist jedenfalls die größte Garage, die ich jemals außerhalb von *Netflix*-Serien gesehen habe. Sven bringt mich zum Mietauto, wir verabschieden uns und besprechen, auf welchem Kanal wir uns weiter schreiben, er sagt: «Auf *Instagram* bin ich auch, ich bin immer noch *Tonk-Berlin.*» In seiner Mail-Signatur steht der Name auch, aber nicht mehr als DJ, sondern als Immobilienverwaltungsgesellschaft, als Beteiligungs-GmbH und für Web-, Printdesign und mehr.

Als ich in Berlin ankomme, habe ich eine *WhatsApp*-Nachricht auf meinem Telefon. Sven schickt mir den Link zu einem Podcast, der über Geldanlagen aufklärt. Und eine Textnachricht: «Richte dir mal ein Konto ein, wo du 10 Prozent sparst und Vermögensaufbau machst. Je eher man startet, desto besser.»

Wie viel Geld ist genug?

Genau so viel, um alles zu bezahlen, was man mit dem Geld machen möchte.

Welche Gefühle verbindest du mit Geld?

Sicherheit und die Erfüllung von Träumen. Auch ein bisschen Bequemlichkeit. Es ist auch aus einer inneren Faulheit gewachsen. Ich will nicht darüber nachdenken, was ich nicht haben kann, was mich irgendwie einschränkt. Nächste Woche kommen Freunde zu einem Sauna-Abend und ich hab mir überlegt, ich würde gern den Garten ausleuchten. Und ich hole mir die Lampen dafür einfach.

Wer sollte weniger Geld haben?

Ich weiß nicht, ob das so sein muss. Jeder soll das haben, was er sich erarbeitet hat.

Was ist dein teuerster Besitz?

Das Objekt hier, das Haus, in dem ich lebe.

Was ist das Beste, was man mit Geld kaufen kann?
Die eigene Zeit. Ich kann den Computer zuklappen und mich um mein Kind kümmern. Das ist das Schönste, diese Zeit kannst du dir nicht wieder kaufen.

Was kannst du dir nicht leisten?
Darüber muss ich nachdenken. Ich würde mir keinen First-Class-Flug nach Asien holen oder einen Privatjet. Das brauche ich nicht. Ich weiß, dass es Leute gibt, bei denen das dann keine Rolle mehr spielt. Aber ist das so erstrebenswert?

Was ist Geld?
Geld ist der Tausch gegen Dienstleistungen, die Zeit beinhalten.

MARLENE Seit Tagen denke ich darüber nach, wer bezahlt. Die Frage kenne ich sonst nur von Dates mit heterosexuellen Männern: Wer zahlt? Macht es der heterosexuelle Mann, ist es irgendwie *oldschool* und kann eine Machtgeste sein. Mache ich es, sind die Männer irritiert. Meist teilen wir, aber auch das fühlt sich oft seltsam an, irgendwie kleinlich.

Heute treffe ich mich mit Marlene Engelhorn, einer Millionenerbin. Der Reichtum der Familie Engelhorn kommt, wie Marlene Engelhorn sagt, vom toten Opa. Der tote Opa hatte viele Firmenanteile eines großen Pharmaunternehmens. Es wurde zu einer großen Summe verkauft, und das Vermögen wurde auf drei Personen ausgezahlt, unter anderem Engelhorns Opa. Davon profitiert die Familie bis heute, sagt sie. Und auch: Erarbeitet haben das Vermögen andere.[78]

Sie wird einen zweistelligen Millionenbetrag erben, ist in Reichtum aufgewachsen und jetzt schon: reich. Ihr Aufwachsen in einer reichen Familie beschreibt sie so: «Es ist so selbstverständlich, dass man eh immer alles hat und haben kann.»[79] Ich war noch nie mit einer Person essen, von der ich wusste, dass sie *so* reich ist. Es wäre gerecht, wenn sie zahlen würde, oder? Gleichzeitig treffe ich sie als Journalistin, und bei Interviews zahle sonst immer ich. Denn ich will ja etwas von den Menschen, die ich befrage. Also doch teilen? Keine der Möglichkeiten erscheint mir angemessen.

Erbschaften und Schenkungen machen heute die Hälfte des gesamten Vermögens in Deutschland aus. Pro Jahr werden 200 bis 300 Milliarden Euro vererbt oder verschenkt.[80] Zwischen 2002 und 2017 lag die durchschnittliche Erbsumme in Deutschland bei 850 000 Euro. Erbschaften und Schenkungen erhöhen dabei die absolute Vermögensungleichheit, denn auch sie sind ungleich verteilt: Die obersten zehn Prozent der Empfangenden erhalten die Hälfte aller Erbschaften und Schenkungen.[81] Kurz gesagt, erben macht die Reichen immer reicher.

Zur Sicherheit nehme ich viel Bargeld mit (50 Euro). Ich schaue noch mal nach, ob ich es wirklich eingesteckt habe. Es wäre mir unangenehm, eine Millionenerbin einladen zu wollen und nicht genug Geld dabeizuhaben. Okay, die 50 Euro sind in meiner Geldbörse. Allerdings ist Marlene Engelhorn im Café nicht zu sehen. Ich schaue noch mal auf unsere Mailkommunikation, vielleicht habe ich eine falsche Uhrzeit im Kopf?

Dann sehe ich es: Ich hatte ihr nur einen Link zum Ort geschickt, an dem wir uns treffen. Unter dem Link stehen die Filialen des Cafés. Eins in Kreuzberg, eins in Friedrichshain. Und genau dort sitzt Marlene Engelhorn, wie ich ein paar Minuten später erfahre. Wir schreiben kurz per Mail hin und her und sie bietet an, dass wir uns stattdessen auch per Zoom treffen können. Ich weiß, dass sie danach weitermuss zum nächsten Termin, und überlege, wie wir doch noch ein persönliches Kennenlernen schaffen, ohne viel Zeit zu verlieren. Berlin ist groß, die Wege lang, selbst von Kreuzberg nach Friedrichshain.

Ich bestelle ein Taxi. Das mache ich sonst sehr selten, eigentlich vor allem, wenn ich betrunken genug bin, mich reich zu fühlen. Ich bin meistens mit dem Fahrrad oder einem Car-Sharing-Auto in der Stadt unterwegs. Fahrrad kommt jetzt aber nicht infrage (Schweiß) und Car-Sharing auch nicht (Parkplatz). Sobald ich Taxi fahre, habe ich die Stimme meines Vaters im Kopf: «Du lebst über deine Verhältnisse.»

Ich gebe dem Taxifahrer Trinkgeld und muss an das Gespräch mit António denken und an seine Aussage, dass Trinkgeld nur dazu dient, das Gewissen der Gebenden zu beruhigen, auch, weil sie sich mit den Arbeitsbedingungen der Dienstleistenden nicht wirklich beschäftigen wollen. Natürlich gebe ich trotzdem Trinkgeld. Auch bei mir spielt mein Unwohlsein eine Rolle, dass jemand etwas für mich macht und ich die Person bezahle. Außerdem habe ich selbst oft in Dienstleistungsberufen gearbeitet und weiß, wie anstrengend das ist, und auch, wie schlecht bezahlt sie sind. Und wie gut es ist, wenn dann wenigstens am Ende einer Schicht das Trinkgeld stimmt.

Also gebe ich so viel Trinkgeld, wie ich kann.

Mein Plan geht auf: Ich bin zwanzig Minuten später im Café in Friedrichshain und treffe dort Marlene Engelhorn, die an einem Tisch sitzt und den ersten Kaffee bereits getrunken hat. Ich habe zur Vorbereitung viel über sie gelesen – was leicht war, weil in vielen Medien über sie berichtet wurde. Sie hat die Organisation *taxmenow* gegründet, die sich dafür einsetzt, Vermögende zu besteuern. Die Mitglieder leben in Österreich, Deutschland und der Schweiz.

Marlene Engelhorn wohnt in Wien und reiste mit dem Nachtzug an. «Ich fahre gerne Zug», sagt sie. Ich spüre, dass sie das nicht einfach so sagt. Es geht auch darum, bestimmten Klischees nicht zu entsprechen. Ihren Kaffee trinkt sie schwarz.

Als ich anfange, meine Fragen zu stellen, fällt mir auf, wie bedacht Marlene antwortet. Ich habe das Gefühl, sie wägt jedes Wort ab. Ein bisschen so, als wenn man einen Vertrag unterschrieben hat, in dem steht, dass man nur XY sagen darf, aber auf keinen Fall XZ. Und so erzählt sie mir XY. Gleich zu Anfang macht sie klar: «Ich rede nicht über Privates und die Familie.» Wenn man in Deutschland Hartz IV bezieht, muss man alles offenlegen. Man kann nicht sagen: Das ist mir jetzt zu privat; es ist mir zu privat, wie viel genau auf meinem Konto ist. Das ist ein Privileg, das nur Reiche haben. Marlene stimmt mir zu: «Menschen mit wenig Geld haben genau so ein Recht auf Privatsphäre, was ihr Geld angeht. Ich halte das für ein Grundrecht. Die Vorherrschaft der Reichen wird dadurch sichtbar. Ich halte es für wichtig, dass jedem Menschen diese Privatheit zusteht.»

Als Marlene mir erzählt, dass ihre Eltern ihr eine Wohnung finanziert haben, also eine Eigentumswohnung, keine Mietwohnung, kann ich mir gar nicht vorstellen, wie das praktisch funktioniert. Bezahlt man so eine Wohnung mit einer EC-Karte? Marlene lacht. Nein, so was macht man per Überweisung. Den Betrag überwiesen ihr ihre Eltern. Ich weiß nicht, wann meine Eltern mir das letzte Mal etwas gekauft haben. Okay, ich bin auch zehn Jahre älter als Marlene. Aber auch in dem Alter gab es keine Überweisungen von meinen Eltern. Über ihre Konten möchte sie nicht gern sprechen, das geht dann wieder zu sehr in Richtung privat. Ob ihre Zurückhaltung auch damit zu tun hat, dass sie sich für ihr Geld schämt?

«Nein», sagt Marlene bestimmt. «Aber das war durchaus eine Auseinandersetzung, die ich gebraucht habe. Dass ich mich gefragt habe: Okay, Marlene, wie viel kannst du dafür? Vor allem von Menschen, die in jungen Jahren zu Vermögen gekommen sind über ihre Familie – in der Regel Erbe, Schenkungen oder Übertragungen –, habe ich das schon öfter gehört: Man versucht das Erbe im Nachhinein zu rechtfertigen, über eine privilegierte Art von Kopfarbeit – ganz selten Handarbeit. Um zu beweisen, dass man das ja eh wert ist. Ganz grundsätzlich ist Geld mit Wert und Status verknüpft. Das halte ich für höchst problematisch.»

Marlene sagt, sie könne sich Reichtum nicht leisten. Als ich verwundert nachfrage, konkretisiert sie ihre Aussage: «Ich halte Überreichtum für etwas, das man sich *als Gesellschaft* nicht leisten kann. Es ist absurd und anti-demokratisch. Wenn wir Armut abschaffen wollen, müssen wir Überreichtum abschaffen.»

Im Gegensatz zu Sven ist sie nicht der Ansicht, dass das bedingungslose Grundeinkommen an dieser Tatsache etwas ändern würde: «Wenn wir weiterhin diese ausbeuterischen Arbeitsverhältnisse haben wie momentan, ist es wurscht, ob wir ein Grundeinkommen haben. Entweder wir haben dann exzessives Lohndumping oder die Preise steigen ins Unermessliche.» Die Frage, die sich stelle, sei vielmehr, wie man die Verteilung so gestalten könne, dass dieses Machtgefälle gar nicht mehr existiere. Dazu gehört für Marlene auch Steuergerechtigkeit. Die Einwände der

Kritiker*innen und die Frage danach, wer diese Umverteilung bezahlen solle, kann sie nicht nachvollziehen: «Die Ressourcen sind doch da! Sie sind bloß übermäßig dort, wo sie nicht sein sollten: im Privatbesitz.»

Marlene ist nicht die Einzige, die in ihrer Familie Geld, viel Geld, erbt. Aber sie ist die Einzige, die sich öffentlich für Besteuerung einsetzt. Ob sie noch zu Familienfeiern eingeladen wird? «Ja», sagt sie lachend. Ob sie an einem Extratisch sitzen muss? «Werden wir sehen», sagt sie und lacht wieder.

Sie ist klar in ihrer Haltung: Es gehe ihr weder darum, Armut zu romantisieren, noch, Reichtum und reiche Menschen zu verteufeln. Vielmehr wäre es wichtig, sich mit der eigenen Rolle und ihren Privilegien auseinanderzusetzen, um da hinzukommen, wo sie sich wohlfühle: «Privilegien merkt man ja nicht. Dafür brauche ich Austausch. Ich würde das als Scheuklappen beschreiben. Ich muss sie von innen aufsetzen, aber ich brauche auch Leute, die sie von außen aufsetzen. Bis dieser Stoff so dünn ist, dass ich durchschauen kann.» Ein langer Prozess, der schleichend und mit vielen Gesprächen begann. Auch, weil sie irgendwann nicht mehr auf die Privatschule ging und in Kontakt mit anderen Jugendlichen kam, die nicht Millionen erben.

Als dann die Ankündigung der Erbschaft kam, war das für Marlene der Test: Es ging für sie darum zu beweisen, dass ihre politische Haltung «nicht bloß Schaumschlägerei eines *privileged kid* ist, das gern Marx liest». Sie will das weniger anderen beweisen, sondern vielmehr sich selbst. «Ein konsequenter und integrer Mensch sein», das ist ihr Ziel. Und das ginge nur, wenn Denken und Handeln so zusammengebracht werden, dass sie eine Konsequenz erkennen lassen. «In meinem persönlichen Fall ist es das Geld, das mir nicht zusteht, weil ich nichts dafür getan habe, das umverteilt werden muss. Es ist wichtig, dass diese Umverteilung staatlich passiert, als demokratischer Prozess, bei dem alle mitentscheiden sollen. Idealerweise. Bis ich umverteilen lassen kann mit einem gerechten Steuersystem, für das ich mich einsetze, muss ich aktiv rückverteilen, was mir nicht gehört.»

Laut Deutschem Institut für Wirtschaftsforschung werden Erbschaften in Deutschland ungleich und sehr niedrig besteuert. Menschen, die vergleichsweise «wenig» erben, zahlen 10 Prozent Steuern des Erbschaftswertes. Wer über 10 Millionen erbt von Unternehmen, zahlt nur 1 Prozent.[82] Während Erbschaften und Schenkungen in den vergangenen zehn Jahren immer mehr zunahmen, blieben die Steuereinnahmen hingegen auf einem gleichbleibend niedrigen Niveau von wenig mehr als vier Milliarden Euro jährlich.[83]

Ich frage Marlene, ob sie schon mal darüber nachgedacht habe, sich komplett von ihrem familiären Vermögen abzukoppeln und gar kein Geld von ihren Eltern zu nehmen. Sie überlegt kurz und antwortetet dann: «Ich bin so privilegiert: Egal wo ich hingehe, bekomme ich sofort die Stelle. Ich kann nicht sagen: Bitte beachten Sie nicht die folgenden Punkte an mir. Durch meinen privilegierten Bildungsweg habe ich überall gute Karten. Finanziell bin ich in einer Art und Weise abgesichert, davon können die meisten Menschen nur träumen. Jetzt obendrein Erwerbsarbeit zu leisten und damit einer anderen Person diese Stelle wegzunehmen, das käme mir nicht richtig vor. Ich muss an mir selbst kein Exempel statuieren, das bringt niemandem was. Ich finde wichtiger, dieses Vermögen zu nutzen, um ein Beispiel zu geben, an dem wir diskutieren können, wie wir verteilen wollen. Das finde ich interessanter. Das ist meine Arbeit, für die ich momentan keinen Lohn beziehe. Das ist ein Riesenluxus. Aber diese Auseinandersetzung bringt mich weiter.»

Ob sie sich mal gewünscht habe, in eine andere soziale Herkunft geboren worden zu sein? «Ich wäre gern in eine andere soziale Konstruktion geboren worden, ganz grundsätzlich», sagt sie.

Marlenes nächster Termin wartet. Ich muss an die 50 Euro in meinem Portemonnaie denken und frage Marlene, ob sie sich auch Gedanken darüber gemacht hat, wer von uns beiden heute bezahlt. Sie nickt: «Ich stelle mir diese Frage inzwischen immer. Weil ich einerseits gerne bereit bin, eine Rechnung zu übernehmen. Und andererseits niemanden ungefragt einladen möchte. Ich führe das Gespräch: Würdest du dich wohlfühlen, wenn ich dich einlade? Wäre es dir lieber, wenn wir getrennt zahlen? Und ich lasse mich auch einladen. Ich mache dann keinen künstlichen Streit auf.»

Schließlich einigen wir uns darauf, dass sie den Kaffee bezahlt und ich das Taxi, das wir uns teilen.

Marlene zieht ihre Jacke an, sie ist von *Carhartt*, einem klassischen Arbeiter-Label. Ich frage sie nicht, wie teuer ihre Jacke war. Aber ich frage mich: Würde ich ein Buch über Geld schreiben, wenn ich in Reichtum aufgewachsen wäre? Würde ich dann all diese Geldfragen stellen?

Auf dem Weg zum Taxi fragt mich Marlene, auf welchem Platz ich sitzen wollen würde, hinter dem Fahrer oder auf der anderen Seite. Ich verstehe erst gar nicht richtig, was sie meint, weil mir diese Frage noch nie gestellt worden ist. Mein Eindruck ist, dass sie versucht, alles richtig zu machen. Vielleicht ist das auch etwas, das mit Reichtum zusammenhängt? Das Gefühl, auf eine besondere Art und Weise bewertet zu werden und sich dementsprechend (oder eben gegensätzlich) zu verhalten. Oder ist es das Bedürfnis, durch Freundlichkeit in gewisser Weise den Reichtum zu rechtfertigen?

Bevor wir uns verabschieden, erzählt sie mir von einem Buchprojekt, an dem sie gerade arbeitet. Ein paar Minuten vorher sagte sie mir, dass es ungerecht sei, dass Geld so verknüpft mit Aufmerksamkeit sei. «Eigentlich müssten arme Menschen in Talkshows sitzen und Bücher schreiben. Ihnen sollte zugehört werden.»

Welches Gefühl verbindest du mit Geld?

Keines.

Wie viel Geld ist genug?

So viel, dass immer ein Buch und ein Kaffee drin ist.

Wer sollte mehr Geld haben? Wer weniger?

Es sollte sich innerhalb einer gewissen Bandbreite so einpendeln, dass es nicht die aktuellen unglaublichen Machtunterschiede gibt.

Was ist das Beste, was man mit Geld kaufen kann?

Was man gerade braucht. Wenn ich Hunger habe, etwas zu essen.

Was ist dein teuerster Besitz?

Meine Wohnung.

Was kann man sich von Geld nicht kaufen?

Ehrliche Beziehungen, die muss man sich als Mensch selbst erarbeiten.

PAPA Mein Vater ist der Mensch, den ich am meisten mit Geld verbinde. Nicht, weil er so viel davon hätte. Sondern weil es immer eine Rolle in unserer Beziehung gespielt hat. So wie Arbeit. Arbeit ist das bestimmende Thema im Leben meines Vaters. Seine Hände sind rau, sie haben Schwielen. Wenn ich an meinen Vater denke, höre ich das Geräusch, das seine Hände machen, wenn er sie aneinander reibt. Wenn meine Hände aneinander reiben, höre ich fast nichts.

Mein Vater ist immer draußen, Rasen mähen, Unkraut jäten, irgendwas frickeln. Es gibt immer was zu tun. Ich habe meinen Vater nie beim Faulenzen gesehen. Entweder er arbeitet oder er schläft, weil er müde ist von der Arbeit. «Für mich ist Arbeit ein Stück Lebensqualität», sagt mein Vater. Auch heute noch, mit 72 Jahren. Denn auch als Rentner arbeitet er weiter als Lkw-Fahrer, ein paar Tage im Monat, fährt Möbel durch Deutschland. Früher ist er mit Lkws durch Europa gefahren, war manchmal mehrere Tage am Stück unterwegs. «Da habe ich schon hingeliefert», ist so ein Satz meines Vaters, den er sagt, wenn ein Ort im Radio genannt wird, den niemand kennt.

Wir sehen uns nicht oft und sprechen auch nicht häufig miteinander. Mein Vater hat kein Smartphone, ich telefoniere ungern. Für unser Gespräch verabreden wir uns über das Handy meiner Mutter via *WhatsApp*. «Samstag bis 12 Uhr passt es und dann wieder zwischen 15 und 17 Uhr, danach müssen wir weg», schreibt mir meine Mutter. Ich entscheide mich für 11 Uhr, kurz vor 11 klingelt mein Computer, wir sprechen via *FaceTime*. Mein Vater sitzt am Küchentisch, an dem auch ich 18 Jahre meines Lebens saß. In dieser Küche hat sich in dieser Zeit wenig verändert. Vor dem Fenster hängen noch immer diese halben Gardinen, die verhindern sollen, dass jemand hereinschauen kann. So wie bei fast allen anderen Häusern in dem kleinen Dorf, in dem ich aufgewachsen bin.

Mein Vater raschelt mit Zetteln, er hat sich ein paar Notizen gemacht für unser Gespräch. Als einziger meiner Gesprächspartner*innen.

«Papa, wie viel Geld ist genug?», eröffne ich das Gespräch. Mein Vater antwortet: «So viel, dass ich satt werde. Im Winter nicht frieren, im Sommer nicht zu viel schwitzen. Ein Dach über dem Kopf, das wäre genug.» Mein Vater antwortet in prägnanten Sätzen. Geld sei das oberste Gebot. «Der Mammon hat das Sagen», das ist seine Beschreibung vom Kapitalismus. Und in dem leben wir nun mal. Bei der Frage nach dem teuersten Besitz kann ich mir die Antwort schon vorher denken. «Deine Mutter», sagt er, grinst und schiebt lachend hinterher: «Aber das heißt natürlich nicht, dass deine Mutter das meiste Geld verbraucht.» Dann wird er ernst und sagt: «Die Gesundheit.» Zu den vorbereiteten Zetteln vor ihm gehört ein Brief seines Arbeitgebers. «Nach der Nierenoperation habe ich jetzt schon seit zehn Jahren wieder gearbeitet», sagt mein Vater und liest aus dem Brief vor: «‹Wir hoffen, diese Rückschau erfüllt Sie mit Freude und Stolz. Wir danken Ihnen sehr für Ihren Einsatz und Ihre Treue. Für die Zukunft wünschen wir Ihnen Gesundheit, Glück, Erfolg und viel Freude.› Da steht kein Wort von Geld.»

Stolz ist ein Wort, das er oft sagt, wenn es um seine Arbeit geht. Er sei stolz, seine Gesundheit «in den Griff bekommen zu haben». Ich erinnere mich gut an die Zeit seiner Krebsdiagnose. Es war kaum zu fassen, denn Krankheit kam im Leben meines Vaters nicht vor. Er war gesund, kräftig und arbeitete. Sein Körper drahtig, seine Oberarme muskulös, aber nicht wie Oberarme, die in Fitnessstudios geformt wurden, sondern Oberarme, die Schränke und Schreibtische trugen, Oberarme, die Strohballen trugen, Oberarme, die den Stall mit der Harke ausmisteten. Und dann Krebs. Krankenhaus. Worte, die nicht zu meinem Vater passten.

«Wir hatten gerade die Hütte abbezahlt, da kam die Krebsniere», erzählt er. Mit Hütte meint mein Vater das Fertighaus, in dem ich aufgewachsen bin und in dem meine Eltern heute noch leben. «Nach einem Jahr wieder den Erfolg zu haben, wieder arbeiten gehen zu können und zu dürfen ...», sagt mein Vater. Es war der Punkt, an dem das Leben auch anders hätte ausgehen können, nicht nach Plan. Die harte Arbeit, das sparsame Leben – dafür, dass man dann an Krebs stirbt vor der Rente und nichts mehr davon hat. Mein Vater hat seit seiner Krebserkrankung eine Schwerbehinderung, 60 Prozent steht in seinem Behindertenausweis.

«Ich kann mir alles leisten, was für mich wichtig ist. Ich kann mir vieles nicht leisten, was für andere Menschen wichtig ist», sagt mein Vater. «Was sind das für Sachen?», frage ich ihn, und wir beide wissen, woran ich dabei denke. «Ich brauche keinen Urlaub, für manche ist es wichtig. Für mich ist es nicht wichtig.»

Warum Urlaub für ihn keinen Stellenwert hat, beschreibt er mit dem Bild einer Leiter, die immer weiter nach oben geht. Die er aber nicht immer weiter nach oben gehen will. «Ich freue mich, wenn ich morgens ein Brötchen und ein Ei zum Frühstück essen kann, wenn ich das bezahlen kann. Dann muss ich nicht noch eine Scheibe Wurst und eine Scheibe Käse haben. Oder Kaviar und Hummer.» Er will die Stufen nicht immer weiter nach oben klettern, sagt er. Und zitiert aus einem Gedicht von Johann Martin Miller: «Je mehr er hat, je mehr er will. Nie schweigen seine Klagen still.»

Mein Vater kennt viele solcher Zitate und Redewendungen, meistens stammen sie aus der Bibel. Und immer ist die Lehre daraus: Sei froh, wenn du gesund bist – Geld ist nicht so wichtig. Das hat mein Vater auf jeden Fall verinnerlicht. Und trotzdem dreht sich immer alles um das Geld. «Ich möchte zufrieden sein mit dem, was ich habe», sagt er.

Wir sprechen weiter über Urlaub. Es hat lange gedauert, bis mir klar wurde, dass andere Familien ihre Sommerferien anders verbringen als wir unsere im Freibad. Ich war nicht auf vieles neidisch, aber auf all die Familienfotos, die andere Familien hatten, unter Sonnenschirmen oder an Stränden oder auf Bergen, definitiv. «Langweilig», sagt mein Vater, wenn ich ihn nach Urlaub frage. «Das ist einfach nicht meine Welt.»

Sind das diese Verhältnisse? Wäre Urlaub über «unsere Verhältnisse»? Wer bestimmt, welche Verhältnisse für wen sind? Und bleiben die Verhältnisse immer gleich? Werden wir in die Verhältnisse geboren und bleiben in ihnen, bis wir sterben?

Mein Vater sagt: «Zur damaligen Zeit war es so, dass wir uns Urlaub nicht erlauben konnten. Ein Haus zu bauen war eine Riesenaufgabe. Vielleicht war sie zu groß. Heute müssen wir uns keine Gedanken über Mieterhöhungen machen. Das war unser Lebensziel: im Alter ein mietfreies Wohnen haben. Das hat damals viel Aufwand gekostet, das Ziel erreichen zu können.»

Arbeitskollegen meines Vaters sagten ihm kurz vor der Rente, er müsste ja nicht mehr arbeiten, sein Haus sei bezahlt. Zu denen sagte er: «Während du zwei Mal im Jahr in den Urlaub nach Italien gefahren bist, habe ich im Sommer die Ernte gemacht und mir am Ende ein halbes Schwein in den Kofferraum gepackt. Sonst hätten wir das Haus auch nicht abbezahlen können.»

Wir sprechen über den Begriff Armut, über den ich viel gelernt habe in meinen Gesprächen zu Geld. Ob wir seiner Ansicht nach von Armut betroffen waren? «In der Schule konntet ihr immer alles mitmachen», sagt mein Vater. «Wenn Klamotten erforderlich waren, habt ihr sie bekommen. Es war kein Luxus, aber das Notwendige war immer da», sagt er. Und erzählt von einem Elternabend, bei dem er darauf hinwies, dass Familien mit drei oder mehr Kindern es sich nicht leisten können, wenn alle Kinder auf Klassenfahrt fahren. Später kamen andere Eltern zu ihm und bedankten sich dafür: «Toll, dass Sie das ansprechen.»

Ich erkläre meinem Vater den Begriff der relativen Armut. Dass Menschen, die davon betroffen sind, sich nie oder sehr selten Dinge leisten können, die für andere selbstverständlich sind. Ich erinnere mich daran, dass es immer wieder Sachen gab, die für andere Leute alltäglich waren, aber für uns nicht. Kino, Theater, Platten, Bücher. Auch Klassenfahrten waren nicht selbstverständlich. Es stand immer die Frage im Raum: Liegt das jetzt noch drin? «Auf dem Gymnasium hatten dann meine Mitschüler*innen Eltern, die Lehrer waren oder Ärzte – und die hatten schon ein anderes Leben als wir. Das war schon an der Armutsgrenze, oder?», frage ich meinen Vater.

«Es war stark an der Grenze», antwortet er. «Du als drittes Kind in der Familie hast uns den Weg bereitet, ein Sozialfall zu werden. Ich war damals beim Sozialamt und habe Wohngeld beantragt. Deine Brüder waren beide noch in der Ausbildung. Im Sozialamt war ein junger Mann, dem ich alles auf den Tisch gelegt habe. Er hat uns 300 Mark Wohngeld bewilligt.»

Nach Jahren war mein Vater dann einen Monat arbeitslos und deshalb wieder bei der Wohngeldstelle. Da traf er den Beamten wieder, der zu ihm sagte: «Herr Kaiser, schön, dass wir uns wieder treffen. Sie waren ein Beispiel für eine Familie mit einem gesicherten Einkommen, die aber keine großen Sprünge machen kann. Was passiert mit ihr, wenn man sie unterstützt? Was machen ihre Kinder?» Es sei gut zu sehen, dass finanzielle Unterstützung wirken könne, sagte er.

Unsere Familie ist kein Einzelfall. Das Armutsrisiko steigt, wenn man mehr als zwei Kinder hat. Auch dazu hat mein Vater den passenden Spruch: «Man ist kinderreich, wenn man viele Kinder hat, aber reich ist man dann nicht.»

Kinder haben, das ist eines von vielen Armutsrisiken. Mit jedem Kind erhöht sich das Risiko, von Armut betroffen zu sein. Das liegt an mehr Ausgaben, die Familien mit mehreren Kindern haben: Kleidung, Nahrungsmittel, Fahrkosten. Außerdem steigt der Betreuungsbedarf innerhalb der Familie, weshalb mindestens ein Elternteil weniger Zeit für die Erwerbsarbeit hat. Die Armutsgefährdungsquote von Familien mit zwei Erwachsenen und einem Kind liegt in Ostdeutschland bei 6,9 Prozent und in Westdeutschland bei 9,4 Prozent. Mit zwei Kindern liegt sie in Ostdeutschland bei 26,2 Prozent und in Westdeutschland bei 32,4 Prozent. Dort ist jede dritte Person aus diesen Familien gefährdet, von Armut betroffen zu sein. Bei Alleinerziehenden sind es in Westdeutschland 44,6 Prozent, in Ostdeutschland 33,9 Prozent.[84]

Neben Geld sprechen wir auch über das zweite Familienthema, Arbeit. Warum eigentlich spielt sie eine so große Rolle? «Wer nicht arbeitet, ist ein Tagedieb», sagt mein Vater. «Von irgendwas müssen wir ja leben im kapitalistischen System. Entweder wir plündern die Sozialsysteme, oder wir verdienen uns mit unserer Hände Arbeit das, was wir brauchen.» Ich frage ihn, ob das Wohngeld sich damals angefühlt hat wie die Plünderung des Sozialsystems. «Das mit dem Wohngeld war in Ordnung», antwortet er. Und erzählt, ein paar Jahre vorher schon mal beim Sozialamt gewesen zu sein. «Da haben wir aber nichts bekommen, weil wir Kindergeld für dich bekamen. Das war das Argument dagegen.» Meine Mutter fragte ihn beim Nachhausekommen, ob ihn jemand beim Amt gesehen hätte. «Aber dafür schäme ich mich nicht», sagt mein Vater bestimmt. Entweder stehe einem so eine Unterstützung zu oder nicht. Gleichzeitig findet er aber auch wichtig, dass diese Unterstützungssysteme nicht ausgenutzt werden. «Den Schmarotzern soll man das Handwerk legen – damit die

Menschen Unterstützung bekommen, die sie nötiger haben», sagt er. Beim Wort Schmarotzer läuten bei mir alle Alarmglocken. «Na ja, Papa,», sage ich, «wenn man sich die Hartz-IV-Sätze anschaut, kann man aber nicht wirklich von Schmarotzern sprechen. Das Geld reicht nicht mal für die Grundbedürfnisse!» Er lenkt sofort ein. Bei einer Inflation und Preissteigerungen seien die von der Gewerkschaft *ver.di* erkämpften Lohnerhöhungen nur ein Tropfen auf den heißen Stein. «Der Sozialstaat ist tot», lautet die Analyse meines Vaters. Er beschreibt den Status quo als «Kapitalismus pur»: Steuerverkürzung für Benzin und im gleichen Atemzug werden die Pauschalpreise für Sprit hochgesetzt, und die Mineralölgesellschaften kassieren das dicke Geld.

Ein Einkommen muss für meinen Vater in Verbindung mit einer Tätigkeit stehen: «Ich muss die Finger krumm machen, körperlich oder geistig.» Gleichzeitig findet er aber auch, dass sich etwas an der Wertschätzung von Arbeit ändern muss. «Was nützt dem Reichen das tolle Auto, wenn der Malocher nicht die Straße gebaut hat?»

Wir sprechen über Berufe, denen Wertschätzung fehlt. Ideell und finanziell. Nicht nur Straßenbauer, sondern auch Pflegeberufe oder Putzjobs. Diese Ausbeutung sei dem Staat bekannt, «aber keine Partei fasst diese Themen wirklich an». Wie kann man das ändern? Mein Vater hat eine konkrete Idee: «Erst mal würde ich alle Leute aus dem Bundestag werfen, die da nichts zu suchen haben. Die Freunde der Politiker, wie nennt man die?» «Meinst du Lobbyisten?» «Zum Beispiel. Glaubst du, die Politiker wären so weit gekommen, wenn sie nicht ihre unterstützenden Freunde hätten? Da sind eine Menge Leute, die den Politikern auf ihre Stühle geholfen haben. Und sie nehmen politischen Einfluss.» Wir sprechen über Umverteilung. Könnte das den von meinem Vater für tot erklärten Sozialstaat wieder zum Leben erwecken? Auch dafür hat mein Vater Konzepte. Er erklärt, dass die BRD mit der Vermögenssteuer nach dem Zweiten Weltkrieg aufgebaut worden sei. Doch es gab ein «Problem»: Man konnte sich daran nicht bereichern, die Reichen wurden dadurch nicht reicher. Mein Vater fragt: «Wo ist die Vermögenssteuer nach der Wende geblieben?» Und erklärt die Vermögensabgabe an einem praktischen Beispiel: «Deine Großmutter und dein Großvater haben die Vermögensabgabe gelebt: Deine Oma als Hof-Erbin hat in den 1950er-Jahren in die Vermögensabgabe gezahlt. Dein Opa als Flüchtling aus Ost-Schlesien hatte die Möglichkeit, Geld aus der Vermögenskasse zinsgünstig aufzunehmen und zu investieren, hat ein Haus gebaut auf dem Hof. Deine Oma hat eingezahlt, dein Opa hat es bekommen. So hat man damals Westdeutschland aufgebaut. Warum hat man dieses System nicht nach der Wende angewendet?» Mein Vater beantwortet sich die Frage selbst: «Das Kapital hat es nicht zugelassen.»

Inflation, Klimawandel, Sozialstaat tot. Das klingt alles mies. Mein Vater hat viele Enkelkinder. Welche Perspektiven sieht er für sie? «In unserem Dorf haben ein paar Leute ein Stück Land zur Verfügung gestellt bekommen. Dort haben sie ein paar Kartoffeln angepflanzt. Selbstversorger. In den 1950er-Jahren hatten alle Flüchtlinge hier Gärten. Was mache ich mit meiner Freizeit? Jammern oder Selbstversorgung? Hühner halten, Kartoffeln und Möhren anbauen.» Und eine politische Analyse hat er auch: «Wir sind wohl eher ein Rüstungsstaat als ein Sozialstaat.» Damit meint er die 100 Milliarden Euro, die Deutschland als Reaktion auf den russischen Angriffskrieg auf die Ukraine bewilligte. «Die Rüstung braucht den Feind, ich nicht», sagt mein Vater. «Wir brauchen den Feind, damit die Reichen noch reicher werden können. Fracking ist der Untergang der Welt. Sie quetschen die Erdkugel aus, bis sie sich nicht mehr dreht.»

Für meinen Vater ist es Luxus, sich mit meiner Mutter ins Auto setzen zu können und für drei Tage zu seiner Schwester zu fahren. «Das können sich auch nicht alle leisten», sagt er. «Andere fahren nach Italien oder Dänemark und sparen darauf.» Finanziell könnten sich meine Eltern mittlerweile auch mal einen Urlaub erlauben. «Ja, das könnten wir», sagt mein Vater. «Macht ihr aber nicht», sage ich. «Nein, machen wir nicht.» Ich erinnere mich daran, dass meine Eltern ein gemeinsames Konto hatten. Wenn meine Mutter und ich einmal im Jahr in die nächste Großstadt fuhren und einen H&M-Einkauf machten, zahlte sie immer bar, damit mein Vater die Summe auf dem Kontoauszug nicht sah. Ich nutze die Chance des Gesprächs und frage: «Habt ihr eigentlich noch immer nur dieses eine gemeinsame Konto? «Ja», sagt mein Vater. «Uff», sage ich. «Das ist aber gut!» «Ja, für dich! Aber für Mama?» «Nein», sagt meine Mutter aus dem Hintergrund, die natürlich die ganze Zeit gelauscht hat.

«So, jetzt muss ich was essen», beendet mein Vater das Gespräch. Und ich erinnere mich an den Termin, den meine Eltern später noch haben. «Wir gehen einkaufen», ruft meine Mutter aus dem Hintergrund. Ich dachte, es sei ein wichtiger Termin. Meine Mutter sagt: «Nein, aber wir gehen bloß gerne samstags abends einkaufen. Da gibt es gute Angebote in den Supermärkten.»

Wie viel Geld ist genug?

Dass ich satt werde, im Winter nicht frieren muss, im Sommer nicht zu viel schwitzen. Ein Dach über dem Kopf, das wäre genug.

Welche Gefühle verbindest du mit Geld?

Wir leben im Kapitalismus, da ist Geld das erste Gebot. Der Mammon hat das Sagen, da können wir uns drehen und wenden, wie wir wollen.

Wer sollte mehr Geld haben?

Ich (lacht). Wenn du «mehr» sagst, wer ist der andere?

Ich möchte wissen, wer mehr und wer weniger Geld haben soll.

Gute Arbeit, guter Lohn. Der Mensch, der Straßen baut, bekommt 2000 Euro und der Professor, der an der Universität sitzt, bekommt auch 2000 Euro. Das wäre doch gerecht. Wenn alle acht Stunden arbeiten, sollen sie gleich bezahlt werden. Von mir aus auch weniger Stunden. Aber alle gleich. Ich kann mich nicht hinsetzen und die Hände in den Schoß legen. Ich muss Leistung dafür bringen.

Was ist das Beste, was man sich mit Geld kaufen kann?

Zufriedenheit und eine gewisse Sicherheit.

TEIL III

Was soll ich mit allem Gold der Welt?
Ich will nur ein bisschen Zeit mit dir.

HAIYTI

DIE LETZTEN TAGE DES KAPITALISMUS Am härtesten war die Fußbodenheizung. Einen Tag bevor ich mit warmen Füßen bei Sven Faltin saß, hatte ich Erwin Husel auf der Straße getroffen, ihm die Kälte angesehen. Diese Gleichzeitigkeit war für mich schwer zu ertragen. Ich wollte dem einen zwar nicht die Heizung wegnehmen, hätte dem anderen aber gern etwas Wärme mitgebracht.

Eigentlich dachte ich, am Ende meiner Überlegungen zu Geld und Gerechtigkeit würde eine Utopie stehen: eine Gesellschaft ohne Geld. Ich dachte, das müsste es sein. Ohne Geld keine Ungerechtigkeit, ohne Geld keine Ausbeutung, ohne Geld kein Neid, ohne Geld keine Scham, ohne Geld keine Klassengesellschaft. Geld, so dachte ich, sei das Problem.

Dann führte ich Gespräche, las Bücher und Artikel, Studien und Interviews, sprach mit den Protagonist*innen dieses Buchs und mit Forschenden, die sich seit Jahren mit Geld beschäftigen. Betrat Wohnungen mit Fußbodenheizung und kaputter Ofenheizung, sprach über Erbe, Einkommen und Pfandflaschen. Währenddessen dämmerte es mir: Nicht Geld ist das Problem, sondern die Verteilung von Geld. Diese Kluft zwischen Arm und Reich verursacht einen Schmerz, «der weit über wirtschaftliches Leiden hinausgeht», schreibt bell hooks. «Ein Schmerz, der uns psychologisch zerreißt, uns bricht und uns unser Wohlbefinden, das von unserem Bedürfnis nach Gemeinschaft und Gegenseitigkeit herrührt, abspricht.»[85]

In einer Gesellschaft ohne Geld würden wir das Geld bloß durch etwas anderes ersetzen. Wir müssten trotzdem Dingen einen Wert geben und sie irgendwie eintauschen. Wir bräuchten weiterhin Essen, Trinken, Kleidung, Möbel, Wohnungen, Fortbewegungsmittel und mehr. Schenken würde uns das alles wohl niemand, selbst nicht, wenn es das bedingungslose Grundeinkommen gäbe. Auch ohne Geld bliebe die ungerechte Verteilung. Das grundlegende Problem wäre noch immer da: Macht, Status, Geld und deren ungleiche Verteilung.

Ich habe gelernt: Dass es Geld gibt, ist nicht ausschließlich schlecht. Zumal es genug davon für alle gibt. In Deutschland werden pro Jahr 400 Milliarden Euro vererbt oder verschenkt, hier noch mal als Zahl: 400 000 000 000 Euro. Die Steuereinnahmen daraus waren im Jahr 2021 rund 9,82 Milliarden Euro. Das sind circa 2 Prozent der Gesamtsumme. Im Gegensatz dazu zahlen Menschen mit unterem Einkommen 25 bis 30 Prozent ihres Einkommens an Steuern und Sozialabgaben.[86] Die, die viel haben, müssen prozentual wenig an die Gemeinschaft zahlen, während die, die wenig Geld haben, prozentual viel an die Gemeinschaft abgeben müssen. Das zweite Problem, neben der ungerechten Verteilung, ist: Die, die mehr als genug davon haben, wollen es nicht teilen. Das liegt auch daran, wie (und ob überhaupt) wir über Geld sprechen. Marlene Engelhorn sagt: «Menschen ohne Geld reden die ganze Zeit über Geld, während Reiche es nicht tun.» Auf den ersten Blick könne das aussehen wie eine «Frage des Anstands», schreibt bell hooks[87], in Wahrheit führe es aber dazu, die Macht der Menschen mit Klassenprivilegien zu zementieren, indem sie ihr Wissen hüten.

Das, was so häufig «die Schere zwischen Arm und Reich» genannt wird, geht auseinander. Aktuell so stark wie nie. Die Inflation sorgt dafür. Für 2022 wurde der monatliche Regelbedarf von Hartz VI um drei Euro auf 449 Euro angehoben. Das entspricht 0,76 Prozent. Währenddessen steigt die Inflation auf derzeit (Juni 2022) 7,9 Prozent. Man muss wirklich nicht gut rechnen können, um den Fehler zu finden.

Die Erhöhung des Mindestlohns der Ampel-Regierung auf zwölf Euro ist ein erster Schritt, um die Situation der Betroffenen zu verbessern, aber er reicht noch lange nicht. Zum Beispiel nicht für die ehemaligen Kolleg*innen von Lukas Krämer in den Werkstätten. Er reicht auch deshalb nicht, weil die Erhöhung zu einem Zeitpunkt festgesetzt wurde, der vor der Inflation lag. Das Mehr an Geld wird also von der Inflation einfach aufgefressen.

Wenn der Mindestlohn bald zwölf Euro pro Stunde beträgt, bedeutet das für eine ledige Person 2800 Euro brutto, also knapp 1500 Euro netto. Eine Wohnung für eine Person unter 700 Euro zu bekommen, ist in Städten wie Berlin, Hamburg oder München inzwischen ein absoluter Glücksfall. Und eine Frage von Ressourcen, denn man muss viele Wohnungsbesichtigungen hinter sich bringen. Eine bezahlbare Wohnung zu finden ist Glück – oder eine Frage von Kontakten. Gerecht ist das nicht.

Unser Sozialsystem scheint aus der Zeit gefallen zu sein – oder eben einfach aus einer Welt zu stammen, die nicht mehr der Realität entspricht. Das wissen alle, die aktuell in deutschen Großstädten auf Wohnungssuche sind oder mal in einem Restaurant essen gehen. Und vor allem wissen das die Menschen, die sich beides nicht leisten können.

Wir brauchen eine Anpassung unseres Sozialsystems an die Realität. Eine Realität, die sich in zwei Jahren Corona und Krieg in Osteuropa noch mal verschärft hat. Bundeskanzler Olaf Scholz sprach anlässlich des Sonderbudgets für die Bundeswehr von einer Zeitenwende. Was wir allerdings dringend bräuchten, wäre eine sozialpolitische Zeitenwende. Stattdessen klebt die Politik nur kleine Pflaster auf große Wunden: 300 Euro «Schweigegeld» für Eltern[88] im Sommer 2020, ein 9-Euro-Ticket für drei Monate, 200 Euro «Corona-Bonus» für Hartz-IV-Empfangende, 100 Euro Familienzuschuss pro Kind in 2022. Seit Beginn der Corona-Pandemie habe ich allein für Masken für mein Kind und mich locker 200 Euro ausgegeben, wenn nicht mehr. Und ich hatte dieses Geld, ich konnte es ausgeben, auch wenn es an anderen Stellen fehlte. Ich war nicht existenziell von diesen Mehrausgaben bedroht – im Gegensatz zu vielen anderen Familien. Diese ganzen Geld-Pflaster sorgen also nur dafür, dass die Wunden nicht komplett aufreißen – unter dem Pflaster werden die Wunden allerdings niemals heilen. Im Gegenteil, sie eitern. Entschuldigen Sie bitte dieses Bild, aber das ist es, was Armut macht: Sie ist immer da, schmerzt, selbst wenn man mal kurz ein Pflaster draufklebt. Ziel von Politik muss es sein, dafür zu sorgen, dass keine Pflaster mehr gebraucht werden. Das bedeutet, allen Menschen ein Leben in Würde zu ermöglichen, so, wie es das Grundgesetz festhält. Doch die Würde des Menschen müssen viele, die von Armut betroffen sind, abgeben. Manchmal an der Tür des Jobcenters, wie Elisa, manchmal an der eigenen Wohnungstür, wenn das Geld für die Heizung nicht reicht wie in Erwin Husels Fall, manchmal an einem heißen Sommertag an der Eisdiele, wenn sie wie Sara Baumgarten ihrem Kind kein Eis kaufen können. Wir sollten überlegen, was eigentlich zu dieser Würde gehört. Ein Dach über dem Kopf? Eine funktionierende Heizung? Nicht hungern müssen? Mal ins Kino gehen? Essen, worauf man Lust hat? Wenn wir uns darauf einigen, dass das zu einem würdevollen Leben gehört, müssen wir die Rahmenbedingungen unseres Sozialstaats ändern. Denn seit Jahren – und durch die Inflation noch mehr – reicht das nicht, was die Politik als «Existenzminimum» formuliert. Aktuell lebt jedes fünfte Kind in Deutschland in Armut. Für die meisten dieser Kinder ist ein Leben in Armut programmiert – daran ändern auch die Entlastungspakete nichts.

Wir sehen an ihnen vielmehr, an wie vielen Ecken und Enden wir keine Teilhabe für alle haben. Nehmen wir zum Beispiel das 9-Euro-Ticket, das für drei Monate eingeführt wurde und Menschen für neun Euro die Nutzung des Regionalverkehrs ermöglicht. Warum erst jetzt? Warum nur für drei Monate? Innerhalb der ersten drei Wochen wurden rund 16 Millionen Tickets in Deutschland verkauft. Ein stärkeres Zeichen dafür, dass Menschen Regionalverkehr nutzen, aber ihn sich nicht leisten können, gibt es wohl nicht. Wie würden wir uns bewegen, wenn wir alle uns (Fort-)Bewegung gleichermaßen leisten könnten? Wohin würden wir uns bewegen?

Während in den Medien Punks die Runde machen, die die Reichen-Insel Sylt besuchen, denkt Sinthujan Varathas, politische*r Geograf*in, an andere Menschen, die sich nun (fort-)bewegen können: «Die rassifizierten Jugendlichen, die mit dem 9-Euro-Ticket zum ersten Mal aus der Vorstadt in die Innenstadt reisen können; die ökonomisch ausgebeuteten Familien, die zum ersten Mal in ein Naherholungsgebiet fahren können; die geflüchteten Menschen, die ihre Liebsten in fernen Asyllagern vereinfacht besuchen können; die Menschen, die sich richtungs- und zeitunabhängig von A nach B und B nach A in der Stadt und zwischen Dörfern bewegen können.» Das geht jetzt für drei Monate, aber was macht es eigentlich mit Menschen und einer Gesellschaft, dass das sonst nicht möglich ist? Es wurden über 21 Millionen 9-Euro-Tickets verkauft, der Bedarf ist also da.

Und welche Botschaft vermittelt es, wenn kurz nach der Einführung gemeldet wird, dass die Jobcenter das durch das Ticket eingesparte Geld für Schüler*innen zurückfordern können? Die Entscheidung, ob das umgesetzt wird, wurde den Bundesländern überlassen. So oft wird in politischen Diskussionen Begegnung gefordert – die politischen Bedingungen sorgen aber viel zu häufig dafür, dass sie gar nicht erst möglich wird. Weder in den Bildungseinrichtungen, die in Deutschland noch immer segregiert, also getrennt sind, noch auf dem Arbeitsmarkt (und dabei denke ich nicht nur an Menschen wie Lukas Krämer) und auch nicht im öffentlichen Verkehr oder in der Deutschen Bahn, die in 1. (Platz und Service) und 2. Klasse (wenig Platz und kein Service) getrennt ist.

Ein anderer Ort, an dem die prekärer werdende Lage deutlich wird, und die mir bei meinem Treffen mit Erwin Husel so deutlich vor Augen geführt worden ist, sind die

Tafeln. Sirkka Jendis, Geschäftsführerin der *Tafel Deutschland*, weist immer wieder auf die Gefahr der sozialen Spaltung hin. Dass ehrenamtliche Organisationen wie die *Tafeln* versuchen müssen, politische Versäumnisse auszugleichen, zeige, wie schlecht der Sozialstaat Deutschland funktioniere. Ich muss an die Worte meines Vaters denken: «Der Sozialstaat ist tot.»

Und was tut der Staat in dieser prekären Zeit? Er gewährt einen Tankrabatt, der nicht bei den Menschen an den Zapfsäulen ankommt. Die gesenkten Energiesteuern wurden nicht wie von der Politik erwartet an die Verbraucher*innen weitergegeben. Stattdessen streichen die Mineralölkonzerne Gewinne ein, indem sie die Preise über Gebühr anheben. Damit zeigt der Kapitalismus wieder einmal sein hässliches Gesicht.

Abgesehen davon kann man über die Idee des Tankrabatts sowieso streiten. Denn es ist eine Idee, die vor allem den Menschen zugutekommt, die viel Geld haben: SUV- oder Porsche-Fahrer, denn die tanken auch am meisten. Die Fahrradfahrerin, die sich kein Auto leisten kann, hat von dem Rabatt nichts.

Einige Menschen aus der Politik meldeten sich zu Wort und forderten die Konzerne auf, die Preise zu senken. Außerdem schlugen sie vor, eine Übergewinnsteuer einzuführen. Was interessant ist, denn diesen Vorschlag gab es schon: Im Juni 2021 wurden zwei Anträge der Partei Die Linke zur Einführung einer Steuer auf «Krisengewinne» abgelehnt. Dagegen stimmten CDU/CSU, SPD, FDP und AfD. Ein Jahr später schreibt die Vorsitzende der SPD, Saskia Esken, auf *Twitter*: «Liebe Mineralölkonzerne, die Preise müssen jetzt runter. Denn der Tankrabatt ist keine

Subvention für Euch Konzerne, sondern eine Entlastung für die Verbraucher*innen.» Der Autor Sebastian Hotz aka El Hotzo twitterte ihr Zitat mit dem Kommentar: «Ich denke seit zwei Tagen ununterbrochen daran, dass die Vorsitzende der Kanzlerpartei per *Twitter* die lieben Mineralölkonzerne um etwas bittet, und habe an diesem Punkt einfach nur noch Respekt für alle, die noch nicht vollständig aufgegeben haben.»

Mir stellen sich in diesem Zusammenhang so viele Fragen, dass ich gar nicht weiß, wo ich anfangen soll. Wie wenig kennen sich Politiker*innen mit Konzernen im Kapitalismus aus, dass sie ernsthaft gedacht haben, diese würden für das Gemeinwohl arbeiten und einen Teil ihrer Gewinne einfach an die Verbraucher*innen weitergeben? Wie hilflos kann Politik sein, wenn sie solche aktionistischen Dinge ausprobieren? Wie kaputt ist dieses System? Kein Wunder, dass das Vertrauen der Menschen in seine Wirkkraft und damit auch das Vertrauen in seine grundliegenden Mechanismen sinkt.

«Inflationen sind der Moment, in dem das Geld seine Glaubwürdigkeit verliert», sagt die Kulturwissenschaftlerin Christina von Braun. «Menschen beginnen, nicht mehr an das Geld zu glauben.» Sie erklärt, dass Geld mit der Inflation nicht mehr tut, was wir von Geld erwarten, zum Beispiel Sicherheit geben. Wenn Geld allerdings an Glaubwürdigkeit verliert und keine Sicherheit mehr verleiht, funktioniert auch der Zusammenhalt in einer Gesellschaft nicht mehr. Das sei der Moment, in dem «Menschenopfer» erbracht werden würden. Christina von Braun erklärt: «Geld entstammt ursprünglich dem Tempeldienst im alten Griechenland. Den Göttern wurden Tieropfer dargebracht, und aus Teilstücken der Spieße, die zur Bereitung der Opfermahlzeit verwendet wurden, entstanden die ersten Münzen. Bald zirkulierten die Münzen auch außerhalb der Tempel: als Geld. Es wurde durch das im Tempel dargebrachte Opfer ‹beglaubigt›. Jedes Tieropfer stand dabei im Grunde stellvertretend für ein Menschenopfer – letztlich wird Geld also durch ein symbolisches Menschenopfer beglaubigt. Wir leben noch immer innerhalb einer solchen Geldlogik. Das wird in dem Moment spürbar, wenn das Geld – etwa durch Inflation oder einen Börsencrash – seine Glaubwürdigkeit verliert. Dann müssen Menschen dran glauben, damit wir alle wieder ans Geld glauben können. Ein Beispiel ist die *Lehman*-Pleite. Durch die Finanzkrise in den Jahren 2008 und 2009 verloren mehrere Millionen Menschen ihre Wohnungen, ihre Jobs und ihre soziale Existenz. Diese Menschen zahlten den Preis dafür, dass wir uns alle dem Geld wieder anvertrauten.»

Zu dieser kapitalistischen Weltsicht und ihren neoliberalen Ausprägungen gehört es auch, den Menschen zu suggerieren, alle könnten alles schaffen, wenn sie sich nur doll genug anstrengen. Das Ganze findet seine Entsprechung in *YouTube*-Kanälen oder auf *TikTok*, wo Geld-Affirmationen geteilt werden, also Sprüche, die man sich mantraartig sagen soll, um das Geld «anzulocken» oder seine «negativen Glaubenssätze zu Geld» aufzubrechen. Das klingt dann so: «Das Geld fließt zu mir aus allen Richtungen», oder: «Ich liebe Geld.» Es wird so getan, als würde einfach nur das allein dafür sorgen, Millionär*in zu werden.

Die Professorinnen und Autorinnen Shani Orgad und Ros Gill beschreiben das als «neoliberale Kultur des Selbstbewusstseins»[89]. Sie sagen, dieser Trugschluss lauere überall: «Egal, ob es um unsere Körper geht oder die Kindererziehung, Arbeit oder Partnerschaft – uns wird gesagt, dass wir selbst das Problem sind und wenn wir nur genug Zeit und Geld investieren, um uns zu verbessern, dann können auch wir selbstbewusst werden.»[90] Mit diesem Selbstbewusstsein einher gingen dann auch Macht, Einfluss, Erfolg, Geld. So weit das Märchen. Ich fühle mich an Sven Faltin erinnert, der auch dieser Ansicht war.

Doch dass es einigen gelingt, heißt nicht, dass es für alle möglich ist: Alle Statistiken zu sozialem Aufstieg in Deutschland widersprechen dem Märchen jedenfalls; dennoch hält es sich vehement. Auch durch feministische Autorinnen wie Sheryl Sandberg, die mit «Lean In» ein neoliberales Manifest geschrieben hat. Ein Manifest für weiße, nicht behinderte cis Frauen.

In dieselbe Kerbe vom Jeder-kann-es-schaffen-Märchen schlagen Angebote wie die der Finanzexpertin Natascha Wegelin, die sich speziell an Frauen richtet. Das ist erst mal keine schlechte Idee, haben doch gerade Frauen oft durch ihre Sozialisation (z. B. durch die Aufforderung zu Bescheidenheit) Hemmungen, sich mit Geldthemen auseinanderzusetzen. Wegelin bietet u. a. Gruppen-Coachings an, in denen sie erklärt, wie die Teilnehmenden investieren sollten. Die Journalistin Judith Henke versuchte herauszufinden, wie hoch das Honorar für ein solches Coaching ist. Das Büro von Natascha Wegelin blieb ihr eine Antwort schuldig, Judith Henke fand aber Teilnehmende, die von Kosten von über 5000 Euro berichteten. Sie sagt: «Wegelin hatte immer damit geworben, Finanzberatung *allen* Frauen zugänglich zu machen. Ich frage mich aber, wie sich eine alleinerziehende Mutter leisten kann, mal eben eine vierstellige Summe für ein Mentoring auszugeben.»[91]

Der Neoliberalismus klammert eben aus, dass nicht alle die gleichen Zugangsvoraussetzungen für den Aufstieg haben. Gleichzeitig wirkt er wie ein Beruhigungsmittel: «Frauen soll es einfach ein kleines bisschen besser gehen, ohne dass sich groß etwas ändern muss. Frauen sollen also an sich selbst arbeiten, statt rauszugehen und alles kaputt zu schlagen.»[92]

Shani Orgad und Ros Gill erklären indes, was es braucht, um wirklich etwas zu verändern: Wut. Und, logisch, die entsteht natürlich nicht, wenn ich mir denke: Ich bekomme zu wenig Geld, weil ich falsch bin. Wut entsteht, wenn wir die systemischen Zusammenhänge verstehen. Orgad sagt: «Wir sind weder das Problem, noch tragen wir die Lösung in uns. Es ist das System, das kaputt ist.»[93]

Deshalb sind alle Tipps und Tricks, die sich um Finanzen für Frauen drehen, gut und für einige bestimmt auch hilfreich. Aber sie verdecken auch das, was eigentlich schiefläuft. Je mehr Frauen es gibt, die für den Einzelfall «Du kannst es schaffen, wenn du dich nur doll genug anstrengst» stehen, desto mehr Druck macht es auf alle anderen, die es eben nicht schaffen, obwohl sie sich anstrengen. (Ganz abgesehen von denen, die gar keine Lust haben, sich immer anzustrengen. Auch sehr legitim.) Die Menschen, die gut in das System passen, werden es nicht ändern. Denn reiche Menschen denken sich natürlich: Never change a running system. Für sie persönlich funktioniert es ja.

Selbstverständlich gibt es Ausnahmen, nichts ist nur schwarz oder weiß oder nur gut oder böse. Es gibt ganz sicher Aktienbesitzer*innen, denen etwas an der Änderung von sozialer Ungleichheit liegt, und auch reiche Menschen, die wie Marlene Engelhorn und ihre Mitstreitenden mit *taxmenow* an der ungleichen Geldverteilung etwas ändern wollen. Dennoch bin ich davon überzeugt, dass Geld und Wohlstand faul machen – faul in dem Sinn, dass man nicht mehr die Energie und erst recht nicht die Wut hat, etwas verändern zu wollen. Geld macht zahm.

Neben Wut und Geld sei für den soziale Aufstieg Chuzpe wichtig, sagt Christina von Braun. Ich glaube, Chuzpe, also eine gewisse (charmante) Frechheit, geht oft auch mit Geldhaben einher – und fehlt manchmal ohne. Denn anzuecken, das muss man sich auch leisten können. Ansonsten ist die Gefahr des Falls zu groß.

Ich habe mal in einem Büro gearbeitet, in dem viele Pakete ankamen. Eines Tages klingelte es an der Tür und ich öffnete sie. Vor mir stand ein Mann meines Alters, also um die 40, telefonierte und wedelte mit einem gelben Schein vor meiner Nase. Er sagte nicht Hallo, stattdessen «EFG». Ich sagte «Hallo» und «Wie bitte?». Er wieder: «EFG.» Und noch mal, genervter. Ich verstand wenig, aber dann doch so viel, dass er ein Paket abholen wollte, das zu uns geliefert wurde. Ich prüfte die drei Pakete, die bei uns am Büroeingang standen, und das dritte trug tatsächlich den Adressaten EFG. Während ich die Pakete durchsuchte, telefonierte er weiter. Als ich ihm das Paket gab, sagte ich: «Es wäre einfacher, wenn du das nächste Mal nicht telefonieren würdest und mir sagst, wer du bist und was du willst.» Daraufhin tickte er aus, beendete das Telefonat und schrie mich an, was ich mir einbilden würde und wie mein Name wäre. Er kam einen Schritt auf mich zu, und meine einzige Möglichkeit, dieser bedrohlichen Situation zu entkommen, war, die Tür zu schließen. Mein Herz klopfte. Ein paar Minuten später rief mich die Managerin des Büros an: Der Typ vor der Tür wäre der Sohn des Vermieters gewesen, er hätte sich bei ihr beschwert und gefordert, dass ich umgehend das Büro verlassen soll. Hausverbot, aber dalli. Ja, so habe ich auch geschaut. Sie sagte auch «Das Problem ist, dass wir alle dadurch ein Problem bekommen können. Er kann uns hier einfach rausschmeißen.» Mir war nach dieser Bemerkung klar: Egal, wer sich in dieser Situation falsch verhalten hat – entscheidend für den weiteren Ausgang wird das nicht sein. Sondern wer mehr Macht und am Ende auch mehr Geld hat. Das Recht des Stärkeren ist oft das Recht des Reicheren. Ich, hier ganz unten in der Macht-Geld-Kette, habe einfach die schlechtesten Karten. Und das weiß dieser Sohn des Vermieters, der einfach sagen kann: Ich will diese Frau in diesem Haus nicht mehr sehen. Eine kurze *Google*-Recherche ergab, dass Vermieter*innen Hausverbote auch ohne Grund erlassen können. Ein Mensch mit Macht und Geld (und einem Mietvertrag) kann also sagen: Die will ich hier nicht mehr sehen. Selbst, wenn er mir gegenüber so ausfallend wurde, dass eigentlich ich rechtliche Schritte hätte einleiten müssen. Aber die konnte ich mir natürlich nicht leisten. Ich kann nur ahnen, wie viele Menschen täglich auf ihr Recht verzichten, weil sie wissen, dass sie sich Gerichtsverfahren nicht leisten können.

Auch das ist Teil des Problems unseres Sozialstaats. Für Menschen, die darauf angewiesen sind, ist es ein Bürokratie-Dickicht, durch das man sich kämpfen muss. Briefe, die in Behörden-Deutsch geschrieben sind und damit oft sehr unverständlich; Ablehnungen, die abschreckende Wirkung haben und oft dafür sorgen, dass Menschen keinen Widerspruch einlegen (weil sie entweder nicht wissen, dass es die Möglichkeit gibt, oder nicht die Kraft haben, sich mit den Behörden anzulegen); Schriftwechsel, in denen sich Menschen wirklich komplett transparent machen müssen. Um dem zu entgehen, beantragen viele Menschen ihnen zustehende Hilfen gar nicht erst. Auch durch diese Angst vor den Behörden spart der deutsche Staat Geld. Auf Kosten der bedürftigen Menschen.

Ich telefoniere mit Christoph Butterwegge, er wird oft als Armutsforscher beschrieben, bezeichnet sich selbst aber lieber als Wissenschaftler, der zu sozialer Ungleichheit forscht. Auch Butterwegge sieht die unterschiedlichen gesellschaftlichen Machtverhältnisse, die durch Geld zementiert werden: «Diejenigen, die über Macht verfügen, sind nicht nur reich – sondern sie sind auch politisch einflussreich. In unserer Gesellschaft, in der Medienöffentlichkeit und in der Politik.»

In Deutschland seien hyperreiche Menschen zum Beispiel in der Lage, die Steuergesetzgebung zu beeinflussen. «Familien wie die Besitzer von *Aldi Nord* oder *Aldi Süd* gelten in Deutschland als Familienunternehmer – ein Kosename. In anderen Ländern nennt man sie Oligarchen.» Als Produkt der einflussreichen Familienunternehmen in Deutschland sieht Butterwegge die Erbschaftssteuer für Firmenerben. In Deutschland könne man einen ganzen Konzern erben, ohne einen einzigen Cent betriebliche Erbschaftssteuer zahlen zu müssen. Das sei ein Resultat erfolgreicher Lobbyarbeit, so Butterwegge. «So bleibt das Geld vielleicht jahrhundertelang in der Familie.» Und umgekehrt vererbe sich auch die Armut sozial.

Es gibt eine Person, die Butterwegge dafür verantwortlich macht: «Gerhard Schröder steht für eine unsoziale Politik.» Butterwegge und Schröder lernten sich bei den Jusos, der Jugendorganisation der SPD, kennen, verbrachten gemeinsam Zeit auf Kongressen, in Gremiensitzungen und Kneipen. Doch später trennten sich ihre Wege. Butterwegge meint, Schröder hätte im Lauf der Zeit seine sozialdemokratischen Ideale verloren. Durch Geld, durch Macht, durch Einfluss – seinen eigenen und den von anderen reichen Menschen. Dass Schröder «wegen seiner skurrilen Männerfreundschaft mit Wladimir Putin» aus der SPD ausgeschlossen werden und sein Bundestagsbüro verlieren soll, findet Butterwegge falsch: «Es hätte geschehen müssen, weil er mit der Riester-Reform massenhaft Altersarmut und mit Hartz IV massenhaft Erwerbs-, Familien- und Kinderarmut geschaffen hat.»

Als «Agenda 2010» werden die Reformen der rot-grünen Bundesregierung unter Gerhard Schröder beschrieben. 2003 kündigte er umfassende Reformvorschläge für den Arbeitsmarkt und das deutsche Sozialsystem an. Ziel waren laut Schröder die «Verbesserung der Rahmenbedingungen für mehr Wachstum und mehr Beschäftigung» und der «Umbau des Sozialstaats und seine Erneuerung». Funktioniert hat das nicht.

Dabei ist der Sozialstaat für Butterwegge das richtige Instrument, Armut zu bekämpfen. Wie Marlene Engelhorn will auch er sich nicht darauf verlassen, dass reiche Menschen das Richtige tun. «Die Hyperreichen dürfen nicht entscheiden, in welche Richtung sich unsere Gesellschaft entwickelt.» Butterwegge spricht von Hyperreichen, nicht von Superreichen. Denn «super» klinge viel zu positiv für diese Menschen, die aus seiner Sicht zu viel Geld haben.

«Wenn jemand wie Dieter Schwarz, Eigentümer von *Lidl* und *Kaufland*, ein Privatvermögen von 40 Milliarden Euro besitzt, dann ist das nicht super, sondern vielleicht selbst für ihn und seine Familienangehörigen, zumindest aber für die Gesellschaft schlecht.»

Butterwegge selbst gehört heute zur oberen Mittelschicht – «ohne zwei Privatflugzeuge wie Friedrich Merz», fügt er hinzu – und beschäftigt sich seit mehr als einem Vierteljahrhundert mit Armut. Wie bei so vielen Menschen, die sich beruflich mit sozialer Gerechtigkeit auseinandersetzen, resultiert das auch bei ihm aus persönlicher Erfahrung. Butterwegge wuchs bei einer alleinerziehenden Mutter auf, einer Schneiderin. Sie wollte nach dem Abitur eigentlich Medizin studieren, konnte aber nicht, seinetwegen. «Einfache Verhältnisse, aber keine Armut», so beschreibt Butterwegge seine Herkunft.

Ich muss an einen Text der Autorin Nadire Biskin denken. Sie schreibt in «check your habitus»: «Ich frage mich, wie es sein kann, dass man von einfachen und schwierigen Verhältnissen spricht und dasselbe meint.»[94] Für die Verortung in unserem sozialen System gibt es zu wenige Begriffe. Vielleicht auch, weil bisher zu wenig darüber gesprochen wird. Auch ich finde für meine Verortung oft nicht die passenden Worte. Außer «dazwischen», das fühlt sich eigentlich immer richtig an.

Butterwegge gelang der soziale Aufstieg. Doch ihm ist wichtig zu sagen, dass es Glück und ein Einzelfall sei. Ein Aufstieg durch Bildung, wie er ihn gemacht hat, wird immer unwahrscheinlicher. Soziale Mobilität, also der Wechsel zwischen den Klassen, nimmt immer mehr ab und betrifft vor allem junge Generationen. «Haben in den Achtziger- und Neunzigerjahren noch 71 Prozent der damaligen 30- bis 39-Jährigen (Babyboomer) den Aufstieg in die Mittelschicht geschafft, so gelingt dies heute nur noch 61 Prozent dieser Altersgruppe (Millennials).»[95] Die gängige Erzählung, es würde zwei Wege aus der Armut geben: Bildung und Arbeit, sieht Butterwegge entsprechend kritisch. Auch hier stellt er einen Zusammenhang zu Hartz IV her, das damals mit dem Spruch gerechtfertigt wurde: «Sozial ist, was Arbeit schafft.» Butterwegge widerspricht diesem Slogan der «Initiative Neue Soziale Marktwirtschaft» mit der Begründung: «Sozial ist, was Armut abschafft.» Und das Einzige, was gegen Armut hilft, sei mehr Geld für die Betroffenen.

Bildung für alle, das wäre zwar gut, aber auch nicht die Lösung für soziale Ungleichheit. «Wenn alle besser gebildet wären, würden am Ende alle auf einem höheren intellektuellen Niveau um immer noch fehlende Ausbildungsplätze streiten. Wir hätten dann nicht weniger Armut und soziale Ungleichheit, sondern bloß besser gebildete Taxifahrer.» Und er ergänzt: «Wir leben in einer Gesellschaft, in der Geld so wichtig ist wie noch nie und so ungleich verteilt wie noch nie – und gleichzeitig tun wir, als würde es keine Rolle spielen, als wären Bildung und Arbeit das Entscheidende.»

Aus meiner Erfahrung würde ich schon sagen, dass Bildung und Arbeit eine große Rolle spielen – aber sie sind nicht immer entscheidend, sie sind keine Garantien für Wohlstand. Allerdings glaube ich nicht an die Theorie der besser ausgebildeten Taxifahrenden. Denn mit mehr Bildung, also Zugang zu Bildung, wüssten sie vielleicht nicht nur mehr über das politische System, in dem wir leben. Sie hätten auch mehr Informationen zu Arbeitnehmendenrechten und Tarifverträgen. Je mehr Bildung, desto größer die Chance auf Zusammenschlüsse und darauf, dass Menschen Ungleichheit nicht nur spüren, sondern sie auch benennen können. Und das ist die Voraussetzung dafür, sich für mehr Gerechtigkeit einsetzen zu können. Deshalb würden wir mit mehr Zugang zu Bildung für alle sehr sicher auch andere (bessere) Arbeitsbedingungen in der Arbeitendenklasse haben.

Butterwegges Analysen gleichen denen von Marlene Engelhorn. Auch er sagt: Wenn wir Armut bekämpfen wollen, müssen wir den Reichtum antasten. Die Idee, allen Menschen in Form eines bedingungslosen Grundeinkommens den gleichen Betrag auszuzahlen, findet Butterwegge deshalb «zutiefst ungerecht», denn dadurch würde die Ungleichheit nicht verringert. Das leuchtet mir ein – vor allem, wenn man bedenkt, dass bei einem bedingungslosen Grundeinkommen die bisherigen Sozialsysteme wegfallen würden. Eine gleichberechtigte Teilhabe, zum Beispiel für Menschen mit Behinderungen mit Mehraufwand, wäre so nicht möglich. Zumal die Gefahr bestünde, dass der Staat sich seiner Verantwortung entziehen würde: «Er kann dann sagen, ich hab ja meinen Teil getan, ich muss jetzt nicht mehr schauen, dass gute Arbeitsplätze zur Verfügung stehen», befürchtet Butterwegge. Viele Menschen sehen das Risiko, dass durch das bedingungslose Grundeinkommen noch mehr schlecht bezahlte Jobs entstehen und noch mehr Möglichkeiten für Ausbeutung von Arbeitskraft geschaffen werden – denn die Arbeitnehmer*innen hätten dann ja bereits ein kleines Einkommen. Butterwegge nennt es deshalb einen «Kombilohn für alle», mit dem der Staat

Unternehmen subventionieren würde, die ihre Beschäftigten schlecht entlohnen.

Also müssen wir an den Reichtum ran – und das geht am besten über Steuern. In den vergangenen Jahren wurden sämtliche Kapital- und Gewinnsteuern entweder abgeschafft, ausgesetzt oder gesenkt. Und auch sonst wird politisch eher an reiche als an von Armut betroffene Menschen gedacht. Butterwegge nennt als Beispiel die Mehrwertsteuer. Als sie in der Corona-Pandemie gesenkt wurde, nutzte das vor allem wohlhabenden Menschen. «Da hat jemand, der einen Sportwagen gekauft hat, schnell mehrere Tausend Euro gespart, wenn es ein teures Auto war. Bei armen Menschen waren es nur Centbeträge.»

«Den übermäßigen Reichtum abschöpfen», das ist das erklärte Ziel von Butterwegges Steuer-Ideen. Er meint damit nicht die Angehörigen der Mittelschicht, sondern die hyperreichen Menschen. «Mindestens 30 000 Menschen haben in Deutschland ein Jahreseinkommen von über einer Million Euro, da wäre eine Millionärssteuer von 75 Prozent gut.» Die müsste auch nur für Einkommen oberhalb der einen Million entrichtet werden – so ist unser Steuersystem konstruiert. Trotzdem käme ziemlich viel Geld zusammen, das umverteilt werden könnte, ohne jemandem wirklich wehzutun.

Aber davon sind wir weit entfernt. «Die soziale Ungleichheit wird sich nicht ändern, solange wohlhabende ältere Männer Politik machen», sagt Christina von Braun. Sie teilt dabei Butterwegges Ansicht, dass Steuern ein adäquates Mittel sind, um gegen die Ungleichheit anzugehen, und verweist auf Ökonomen, die sagen: Das Geld, das über Notwendigkeiten hinausgeht, müsste der Staat abschöpfen und wieder zurückgeben an die Gesellschaft. An die, die weniger Chancen auf Teilhabe und Verwirklichung haben. An die, die auf ein 9-Euro-Ticket angewiesen sind, um sich mal zu erholen.

«Die Bundesregierung vor der Wiedervereinigung war ein ziemlich sozialer Staat und basierte auf hohen Steuern», wirft von Braun einen Blick zurück in die Geschichte. Nach der Wende sei die Konkurrenz mit dem Sozialstaat DDR dann weggefallen, deshalb baute der Westen den Kapitalismus immer weiter aus. Die Selbstkontrolle durch einen benachbarten sozialistischen Staat sei weggefallen. «Zu dieser Selbstkontrolle zurückzukommen, damit wäre viel gewonnen.»

Wie ein sozialerer Kapitalismus und eine gerechtere Steuerpolitik funktionieren könnten, sieht man zum Beispiel in Schweden. Nicht nur, was Gleichberechtigung angeht, scheinen die skandinavischen Länder uns einiges vorauszuhaben. Auch was Geld betrifft, geht es dort gerechter zu – und moderner.

Steuern zu zahlen hat in Schweden ein viel besseres Image als in Deutschland. Es geht auch viel einfacher, die Steuererklärung funktioniert dort weitgehend digital und automatisiert, quasi nebenbei und ohne großen Aufwand. Man muss kein Studium ablegen, um die Steuern einzureichen. Man braucht auch keine Steuerberater*innen, weil alles so einfach organisiert ist. Elternzeit, Kinderbetreuung, Schule und Gesundheitswesen sind dort so organisiert, dass die Menschen sich gut versorgt fühlen – sie sehen dort, dass sich die Steuern lohnen.

Ich hätte niemals gedacht, dass dieses Buch ein Plädoyer für Steuern werden könnte. Wirklich nicht. Bisher waren Steuern in meinem Leben ein Thema, bei dem ich weglaufen wollte, bis hin zur Kontopfändung, weil ich einen Betrag nicht rechtzeitig an mein Finanzamt überwiesen hatte. Da wollte ich auch weglaufen. Briefe vom Finanzamt, Mails von meiner Steuerberaterin – beides meistens keine guten Zeichen. Und das, obwohl ich meine Steuerberaterin wirklich mag. Vor allem, weil sie Verständnis hat – und Humor. Ihre letzte Mail an mich lautete: «Frau Kaiser, denken Sie noch an mich?» Ich denke wirklich oft an sie, aber gute Laune macht es mir nicht.

Und doch ist mir klar geworden: Dass es Steuern gibt, ist gut. Dass wir ein Steuersystem haben, ist gut. Denn der Sinn ist ebenfalls gut: Eine unabhängige Stelle schaut einmal Mal im Jahr, wer wie viel Geld verdient hat, und sammelt Geld von denen ein, die viel verdient haben. Aus diesem Topf werden dann Dinge (Infrastruktur, Schulen, Kitas, Verkehr ...) bezahlt, die nicht so viel Geld haben oder die Menschen brauchen, die nicht so viel Geld haben. Eine faire Sache, die eigentlich alle toll finden müssten. Oder?

Ich habe den Sinn von Steuern sehr lange nicht verstanden. Ich musste mich zwar bereits mit Steuererklärungen herumquälen, aber so wirklich verstanden, warum ich das tat, hatte ich es nicht. Erst seit meiner Beschäftigung mit Innenpolitik und der Finanzierung von politischen Rahmenbedingungen wurde mir klar, wofür die ganze Quälerei gut ist. Für das Gemeinwohl.

Ich bin mir sicher, dass ich diesbezüglich kein Einzelfall bin. Im Lehrplan kommen Finanzen so gut wie gar nicht vor. Dafür bekommen Eltern für ihre Kinder aber als Allererstes einen Brief vom Finanzamt, die Steuer-ID für das Kind. Das war es dann aber auch. Es gibt keinerlei finanzielle (Aus-)Bildung in Schulen. Dabei wäre es so wichtig, immerhin Grundlagen zu lehren: Was genau bedeutet «Steuererklärung»? Was passiert mit den Steuern, die ich zahle? Wer bestimmt das? (Am Ende auch wir Wählende.)

Durch diese Bildungsarbeit könnte man am Ende vielleicht sogar das Vertrauen in Politik und Demokratie stärken. Mir geht es auf jeden Fall so: Wenn ich etwas tun muss, dessen Sinn ich nicht sehe und verstehe, habe ich darauf auch keine Lust. Wenn ich aber einen Sinn sehe, sogar einen, den ich gut finde (gerechtere Verteilung von Geld), dann tue ich es auch lieber.

Seitdem ich verstanden habe, warum genau ich meine Steuererklärung machen muss, jubele ich trotzdem nicht vor Freude, wenn meine Steuerberaterin mir mailt. Ich halte auch nicht immer alle Fristen ein, die ich müsste. Einfach, weil der Alltag mit Kind und Job und Leben oft fordernder ist als ein unbeantworteter Brief auf dem Küchentisch. Aber ich bemühe mich mehr und habe ein schlechteres Gewissen. Denn ich weiß: Am Ende ist es gut für alle. Natürlich kritisiere ich trotzdem weiterhin das (Steuer-)System, vor allem das überbürokratisierte. Denn eigentlich sollte das ganze Prozedere doch viel einfacher sein: Während wir hier Quittungen sammeln und Menschen damit beauftragen, Quittungen zu sortieren, erledigen viele Menschen in Schweden ihre Steuererklärung per SMS.

Während ich diesen Text schreibe, poppt eine Nachricht auf meinem Computer auf. Meine Tochter möchte die Freigabe für die App *Der Cashmanager*. Ich klicke in der Familiengruppe auf «laden» und muss lachen. Denn meine Tochter hat mit neun Jahren schon besser organisierte Finanzen als ich. Sie spart zum Beispiel gern. Ihr nächstes

Ziel: ein iPad. In der App gibt man das bereits gesparte Geld ein, das Sparziel und sieht so, wie man dem Ziel immer näher kommt. Meine Tochter liebt so was. Überhaupt, Geld. Findet sie cool.

Ich beobachte, dass meine Tochter kein Einzelfall ist. Geld zu haben, über Geld zu sprechen, scheint bei den Kindern und Jugendlichen, die ich kenne, cool zu sein. Und auch das Wahlergebnis der vergangenen Bundestagswahl lässt mich vermuten, dass Jugendliche nicht nur Geld cool finden, sondern auch, dass die nachfolgenden Generationen das Versprechen von ökonomischem Aufstieg glauben. Anders lässt sich für mich der Erfolg der FDP gerade bei jungen Wählenden nicht erklären. Bei Umfragen betonten junge Menschen auch das Thema Digitalisierung, das die FDP erfolgreich für sich besetzt hat. Der Volkswirt Simon Schnetzer hat in der Studie «Junge Deutsche» die Lebenswelten der Generationen Y und Z erforscht. Er sagt: «Christian Lindner verkörpert eine charismatische Führung mit Vision, ein bisschen à la Elon Musk. In der Start-up- und Gründerszene ist der Tesla-Chef für viele ein großes Vorbild.» Als einen anderen Grund für den Wahlerfolg nennt Schnetzer das Versprechen von finanziellem Wohlstand: Viele junge Menschen hätten lange das Gefühl gehabt, ihr zukünftiges Leben würde eines in Wohlstand sein. Dann kamen die Klimakrise, die Corona-Krise und die Frage: Wer hört eigentlich den jungen Stimmen zu? «Viele glauben nicht daran, dass sie genügend Rente bekommen, zumindest nicht über die bisher gängigen Rentenmodelle, den Bausparvertrag, das Sparkonto. Sie wissen: Es braucht eine Veränderung, damit sie in Zukunft in Wohlstand leben. Dafür steht aus ihrer Sicht die FDP.»

Ein anderer Grund für den Erfolg ist auch wichtig: Erstwählende leben oft noch bei ihren Eltern. Die neoliberale Versprechung «Du musst dich nur anstrengen» oder, wie Schnetzer sagt, «Engagement lohnt sich» ist mit 18 leichter zu glauben als mit 48. Mit 18 ist es leicht, an ein Aufstiegsversprechen durch harte Arbeit zu glauben. Auf *Instagram* lese ich ein Zitat, das eine realistischere Sichtweise zeigt: «If you grew up in a working class household you know hard work doesn't always pay off.» Frei übersetzt: Wenn du in einer Arbeitendenfamilie aufwächst, weißt du, dass sich harte Arbeit nicht immer auszahlt.

Im Juni 2022 twittert Christian Lindner: «Einen Kriegssoli wird es mit mir nicht geben. Wir sind in einer fragilen Lage. Was wir jetzt brauchen, sind mehr Wachstumsimpulse, mehr Gründungen, mehr Überstunden, um unseren Wohlstand zu sichern. Steuererhöhungen würden die Stärkung der Wirtschaftslage sabotieren.» Einzig mit der fragilen Lage stimme ich ihm zu. Ansonsten möchte ich in allen Punkten widersprechen. Und ich frage mich, was Sara Baumgarten, die von morgens bis abends putzt, wohl dazu sagen würde, dass der Bundesfinanzminister will, dass sie noch mehr arbeitet. Oder was António Fernandes Coelho Christian Lindner antworten würde, der Kollegen hat, denen das *Lieferando*-Gehalt nicht reicht, um ihre Familie zu ernähren.

Also, das Wichtigste zuerst, Herr Lindner: Was wir brauchen, sind ganz sicher keine Überstunden. Wir brauchen eine Zeitenwende, die ihren Namen verdient hat. Eine sozialpolitische Zeitenwende. Eine Zeitenwende für soziale Gerechtigkeit. Und Gerechtigkeit, das bedeutet nicht Glück (in eine reiche Familie geboren worden zu sein, akademische Eltern zu haben usw.). Gerechtigkeit ist das Gegenteil von Glück. Politik muss für mehr Gerechtigkeit sorgen und dafür, dass Glück nicht ausschlaggebend ist für ein glückliches Leben.

Wann, wenn nicht jetzt, innerhalb dieser vielen massiven Krisen, wird deutlich, dass es nicht weitergehen kann wie bisher? Wir können weder unsere Welt weiter ausbeuten noch die Menschen, die auf ihr leben. Gerade wenn wir an Geld in Zusammenhang mit der Klimakrise denken, wird klar: Unsere Ressourcen sind endlich und das Geld ist es auch. Es muss also darum gehen, wie wir leben und arbeiten können, ohne Überstunden zu machen. Ohne Menschen und die Erde auszubeuten. Es muss darum gehen, von der Arbeit leben zu können. Und auch, ohne Arbeit leben zu können. Es muss darum gehen, unseren Planeten nicht herunterzuwirtschaften, sondern ihn zu erhalten. Es muss darum gehen, Arbeits- und Wirtschaftsmodelle zu entwickeln, die sich nicht an Wachstum und Überarbeitung orientieren, sondern am Gemeinwohl. Wenn wir über Wohlstand sprechen, muss der allgemeine Wohlstand gemeint sein. Das ist kein Widerspruch zu individuellem. Aber es ist eine Frage der Priorität. Wollen wir in einer Gesellschaft leben, die zufrieden ist, wenn ein Teil in Wohlstand lebt und der Rest in Armut? Oder wollen wir in einer Gesellschaft leben, an der jede einzelne Person teilhaben kann?

Zu welchem Preis leben Menschen in Wohlstand oder sogar Wohlhabenheit? Aktuell leben Menschen in Wohlstand, weil andere Menschen in Armut leben. Ich bin davon überzeugt, dass wir Lasten gerechter verteilen können – und damit auch Wohlstand. Beides hängt miteinander zusammen.

In einem der reichsten Länder der Welt akzeptieren wir Armut als gegeben, dabei ist das System, durch das sie entsteht, von Menschen gemacht. Damit können wir Menschen dieses System auch ändern. Wenn nicht sofort das komplette System, dann immerhin ein paar der Bedingungen des Systems.

Sich dafür einzusetzen, ist eine politische Aufgabe. Die Weltgemeinschaft hat sich das Ziel gesetzt, bis zum Jahr 2030 extreme Armut auf der Welt zu beenden. Wie soll das gehen? Ich schreibe eine E-Mail an Christian Lindner, den Bundesfinanzminister. Seine Büromanagerin antwortet, Christian Lindner hätte keine Zeit. Zeitgleich sehe ich auf *Twitter*, dass er einer Userin eine Direktnachricht sendet, die über seine möglichen Schönheitsoperationen schreibt. Während dieser Zeit, in all diesen Krisen, schreibt der Finanzminister also lieber eine *Twitter*-Direktnachricht zu seinen Schönheitsoperationen statt eine Antwort auf eine Mail-Anfrage zur Abschaffung von Armut auf der Welt.

Eine Umverteilung von Vermögen könnte ein Weg dahin sein. Und stellen Sie sich mal vor, wie wir dann zusammenleben würden. Wir hätten weniger Neid, weniger Scham, vielleicht sogar gar keine mehr. Jedenfalls keine, die mit Geld zu tun hat. Menschen müssten sich keine existenziellen Sorgen machen, jedenfalls keine, die mit der nächsten Stromrechnung, der Miete und dem nächsten Einkauf zu tun haben.

Robert Habeck, der Bundeswirtschaftsminister, fordert, dass angesichts des russischen Kriegs gegen die Ukraine alle Haushalte Energie sparen sollten. Er selbst dusche kürzer. Doch das schiebt das Problem wieder einmal ins Private, dabei ist es strukturell. Wir können nicht so weitermachen wie bisher. Dafür braucht es politische Rahmenbedingungen. Nehmen wir das Beispiel Wasser: Der Energiekonzern RWE nutzt für den Abbau von Braunkohle 500 Millionen Kubikmeter Wasser pro Jahr. Dazu im Vergleich: Der Wasserverbrauch aller Einwohner Berlins liegt bei 159,7 Millionen Kubikmeter. Während Verbrauchende 4,40 Euro pro Kubikmeter zahlen, zahlt RWE für einen Kubikmeter 0,05 Euro.[96] Durch die Klimakrise zeichnet sich schon heute ab, dass Wasserknappheit auch in Deutschland ein Thema werden wird. Wenn es um Wohlstand für alle geht, muss berücksichtigt werden, wer welchen Beitrag dafür zahlt. Im Moment ist es so, dass Menschen mit wenig Einkommen proportional mehr zahlen als Menschen und Unternehmen mit mehr oder viel Einkommen. Man muss nicht meine Steuerberaterin sein, um zu sehen, dass das nicht gerecht sein kann.

Es ist nur logisch, dass das kapitalistische Wachstum nicht unbegrenzt funktionieren kann. Christina von Braun berichtet von einem «Aufschrei der Kapitalisten», wenn man von einem Wachstum von «nur» 1,5 Prozent spricht. Aber sie geht noch weiter und schlägt eins zu eins vor. Also kein Wachstum, sondern bei dem Niveau zu bleiben, wo wir gerade sind. Bei allem, was ich zur Klimakrise weiß, haben wir auch gar keine andere Wahl.

Das müssten eigentlich auch Politiker wie Christian Lindner verstehen, die den Begriff Freiheit so gern verwenden. Wenn wir unser Wirtschaftssystem nicht transformieren, wird es irgendwann keine Wirtschaft mehr geben. Freiheit sowieso nicht.

Kann es Freiheit im Kapitalismus überhaupt geben? «Die letzten Tage des Kapitalismus» habe ich dieses Kapitel überschrieben, und das ist vielleicht die einzige Antwort, die ich gefunden habe. So, wie es bisher war, geht es nicht weiter. Denn so, wie wir leben und wirtschaften, wird die Ungleichheit immer größer, und sowohl Menschen als auch der Planet, auf dem wir leben, werden immer mehr ausgebeutet. Wenn wir wollen, dass unsere Kinder und ihre Kinder ein gutes Leben haben – von mir aus nennen wir es ein Leben in Wohlstand –, müssen wir etwas ändern. Ein anderes Wort für Veränderung ist Transformation. Und eine der wichtigsten Transformationsforscherinnen dieses Landes ist Maja Göpel. Sie sagt in ihrem Vortrag «Her mit der besseren Zukunft» bei der Digitalkonferenz *re:publica*: «Die Antwort auf Wohlstandsverlust kann nicht sein, noch mehr zu rackern, noch mehr zu produzieren von Zeug, das vielleicht niemand mehr so richtig braucht.»[97] Den Tankrabatt nennt sie «das Epizentrum der Denkweise, dass wir schon wieder rauskämen aus der Krise, wenn wir einfach so weitermachen wie vorher». Ein «Weiter so» darf und kann es nicht geben. Maja Göpel beschreibt Wohlstand auch nicht ausschließlich mit materiellen Ressourcen, sondern vor allem mit der Ressource Zeit. Wenn wir alle mehr Zeit hätten, könnten wir auch ganz anders mit Ressourcen umgehen. Zum Beispiel mal etwas reparieren, beim Nachbarn fragen, ob er ein Werkzeug dafür hat, es ausleihen, statt es zu kaufen. Dafür brauchen wir Zeit, sogenannten Zeitwohlstand. Darum geht es auch bei den Diskussionen um die 4-Tage-Woche, die seit einigen Jahren verstärkt geführt wird. Zwar verlangt der Finanzminister Überstunden, aber zum Glück gibt es viele Menschen, die sich seit Jahren und Jahrzehnten Gedanken zum Thema Ressourcen – der der Welt und der von Menschen – machen. Eine von ihnen ist die Soziologin Frigga Haug, die Erfinderin des 4-in-1-Prinzips. Geht es nach Haug, sollte unser Leben aus vier gleich großen Teilen bestehen: ein Teil Lohnarbeit, einer Care-Arbeit, ein dritter für die politische Verantwortung in der Gesellschaft und ein vierter für Kunst und Kultur. Würden wir bereits nach diesem 4-in-1-Prinzip leben – mein Vater wäre bestimmt in der Politik (wenn er nicht wegen der Korruption der anderen wieder aufgehört hätte). Meist liegt fehlendes politisches Engagement doch am Mangel an Zeit, nicht an mangelndem Interesse. Und stellen Sie sich mal vor, Politik würde wirklich von einem repräsentativen Querschnitt der Gesellschaft gemacht. Ich bin überzeugt, sie würde zu mehr Gerechtigkeit führen.

Maja Göpel bringt in ihren Überlegungen auch Geld ins Spiel. Wenn Geld eingesetzt wird, sollte es Mehrwert generieren. Wir sollten uns die Fragen stellen: Was wächst an sozialem Vermögen, was wächst an Bildungsvermögen, was wächst an ökologischem Vermögen? Die Transformationsforscherin plädiert dafür, die Wertschöpfungskette genau anzuschauen. Für wen wird etwas produziert? Wer profitiert davon? Wie kann Geld uns dienen, damit es uns guttut? «Geldvermehrung ist nicht automatisch wohlstandsfördernd.»

Solange Maja Göpel nicht Finanzministerin ist, können wir politische Entscheidungen anhand ihrer Fragen prüfen. Und eine weitere ihrer Vorhersagen ernst nehmen: «Die Transformation unserer Wirtschaftsform wird kommen – ‹by design or by disaster›», wie sie in ihrem Vortrag sagt: geplant oder durch eine Katastrophe.

Unsere Wirtschaftsform muss sich verändern, aber es

liegt an uns, ob sie das mit einem Desaster tut oder wir diese Veränderung gestalten. Viel Zeit bleibt dafür nicht. Aber es ist möglich. Auch, wenn wir mehr über Geld sprechen. Privat und politisch.

GELDGEFÜHLE Warum fühle ich so viel, wenn ich an Geld denke? Das ist eine meiner Leitfragen in diesem Buch. Jetzt wundert mich eigentlich gar nichts mehr, jedenfalls keines meiner Geldgefühle. All diese Gefühle stehen für Geld und, noch mehr: Mit unseren Gefühlen legitimieren wir das Geld, machen es noch wichtiger, als es eh ist. Neid, Angst, Eifersucht. Diese Gefühle funktionieren nur in Hierarchien. Sie sind ein Symptom von Ungleichheit. Dass wir so viele Geldgefühle haben, zeigt die herrschende Ungerechtigkeit. «Bestimmte Gefühle erweisen sich als strategisch nützlich für den Erhalt von Reichtum», schreibt Martin Schürz.[98] Gefühle, die Reichen zugeschrieben werden: Habgier, Geiz und Hochmut, aber auch Barmherzigkeit, Demut und Mitgefühl. Diese Gefühle sind für die Absicherung von Vermögen wichtig. Und auch für die Absicherung von Armut gibt es Gefühle, allen voran die Scham.

Vor der Veröffentlichung dieses Buchs schickte ich meinen Gesprächspartner*innen ihre Kapitel zu. Zur Freigabe oder zur Korrektur. Bei journalistischen Arbeiten ist es die Regel, dass direkte Zitate freigegeben werden. In diesem Fall war es mir aber wichtig, dass alle Personen ihr komplettes Kapitel vorab lesen können. Denn ich weiß, wie mutig es von ihnen ist, in der Öffentlichkeit ihre Geldgeschichte zu erzählen. Glücklicherweise gab es in den meisten Fällen nicht viel zu ändern. Was mir aber auffiel: Je mehr Geld, desto mehr Anmerkungen. Das kann kein Zufall sein. Je mehr Geld, desto mehr zu verlieren? Geld ist ein Tabu. Darüber öffentlich zu sprechen, ist mit einem weiteren Gefühl verbunden: Angst.

Haben Sie das Autorinnenfoto hinten im Buch gesehen? Ich trage sehr selten Schmuck, an diesem Tag aber schon, tatsächlich zufällig. Eine Goldkette, so sieht es jedenfalls aus. In Wahrheit ist es eine Kette aus einer Kinderzeitschrift. Meine Tochter gab sie mir am Morgen. «Falsches Gold um den Rollkragen», wie KeKe singt. Ich fragte mich: Kann ich dieses Foto nehmen für das Buch, in dem ich über Geld schreibe? Sieht das nicht irgendwie angeberisch aus? Mit Statussymbolen halte ich mich seit der Kindheitsepisode mit dem dunkelgrünen *Benetton*-Pullover lieber zurück. Irgendwann postete ich mal ein Foto auf *Instagram* von mir in einer bunten Blumenbluse. In den Kommentaren wurde ich gefragt, woher denn die Bluse sei. Ich antwortete, es war eine *Fast-Fashion*-Firma. Also eine Firma, die sehr schnell und sehr billig und sehr große Mengen Kleidung produziert, leider auf Kosten derjenigen, die sie produzieren (was Bezahlung und Arbeitsbedingungen angeht) – und oft auch auf Kosten der Umwelt. Daraufhin kamen weitere Kommentare, nämlich dass es nicht in Ordnung sei, *fast fashion* zu tragen und es in der Öffentlichkeit zu zeigen. Ich war irritiert. Klar, es ist besser, nachhaltig zu kaufen, wenn überhaupt. Aber dass selbstverständlich davon ausgegangen wurde, dass ich mir nachhaltige Kleidung leisten kann (die in der Welt, in der wir leben, teurer ist als *fast fashion*), hat mich doch irritiert. Im Gegenteil war ich eher froh, dass ich den Menschen, die meine Bluse toll fanden, sagen konnte: Die kannst du auch haben, war nämlich nicht teuer. Manchmal geht es mir selbst so, dass ich im Internet ein Kleid sehe, das mir gefällt, und beim Klick auf den Hersteller sehe: Das kann ich mir nicht leisten. Und das ist ein doofes Gefühl.

Es gibt Menschen, die finanziell aufgestiegen sind und das mit den Statussymbolen anders handhaben. Elisa zum Beispiel. Oder Aykut Anhan aka *Haftbefehl*. Das Leben des Rappers ist eine Aufstiegsgeschichte, vom Kind kurdischer Gastarbeiter bis zum Multimillionär, der vom Feuilleton als *Ghetto-Goethe* gefeiert wird. In *Instagram*-Storys zeigt er seine Frau, sein Haus, seine Autos, seine Dubai-Reisen und sein Bargeld in der Geldbörse (viel). Er ist damit mehr als ein erfolgreicher Rapper, gerade für migrantische Jugendliche ist er eine extrem wichtige Identifikationsfigur. Und nicht nur in seinen Songs gehört es zum guten Ton zu flexen, also zu protzen mit Kohle, Karren und Kokain. Warum das Posen mit Geld und Statussymbolen im Hip-Hop und Rap dazugehört, erklärt die deutsch-kurdische Rapperin Ebow in ihrem Song «Prada Bag»:

Warum muss es im Rap darum gehen, wer wie viel
Cash macht, welche Marken du trägst, welchen Wagen
du fährst?
Wenn du in einer Gesellschaft aufwächst, die dich
immer als Mensch zweiter Klasse sieht, immer von oben
herab
Dann ist deine einzige Möglichkeit, auf gleicher
Augenhöhe zu stehen, ihnen zu imponieren
Du eignest dir das an, was sie gerne hätten

Du trägst die Marken, die sie gerne hätten
Du fährst den Wagen, den sie gerne hätten
Das ist der einzige Moment, wo du ihre Aufmerksamkeit bekommst
Wenn du dir etwas nimmst, wovon sie denken, dass es dir nicht zusteht
Das Traurige daran ist, dass du mehr Respekt vor dem Kapitalismus an mir hast als vor mir selbst.[99]

Geld als Mittel dafür, Gehör zu finden. Als Zeichen für einen Platz. Fürs Dazugehören. Geld als Mittel für Sichtbarkeit. «Ich will Menschen mit meinem Background nicht immer nur als arm dargestellt sehen. Ich will sehen, dass wir auch ein nices Leben haben», sagt die Musikerin.[100]

Viele ihrer Erfahrungen kann ich als weiße Frau natürlich nicht teilen. Mir wird der Weg, den ich beruflich gemacht habe, durchaus zugetraut. Mir wird nicht aufgrund äußerlicher Merkmale gesagt: Du gehörst hier nicht her. Als weiße, nicht behinderte Frau mit deutschem Pass stehen mir viele Türen offen. Mein Unwohlsein mit Räumen, in die ich vermeintlich nicht gehöre, kommt eher aus mir heraus. Bis mich jemand auf die Unterschiede hinweist oder ich ein Wort nicht verstehe oder einen Autor nicht kenne. Dann wird mein Unwohlsein und meine Unsicherheit einfach zur Gewissheit. Mein Privileg: Ich kann mich gut verstecken oder immerhin nicht auffallen, viele andere Menschen können das nicht.

Kann man Habitus – also den sozialen Status, das Auftreten – mit Geld kaufen? So, wie es in vielen Rap-Songs suggeriert wird? Ich glaube, nur oberflächlich, nur auf den ersten Blick. Ich kann zwar schon die richtigen Marken kaufen, mich richtig kleiden, die richtige Musik hören, die richtigen Bücher lesen, die richtigen Begriffe nutzen. Aber so richtig dazugehören? Ich weiß nicht, ob das geht. Ich fühle mich jedenfalls der Klasse, in der ich heute bin, nicht vollumfänglich zugehörig. Melisa Erkurt, eine österreichische Journalistin, die auch in einer Arbeitendenfamilie aufgewachsen ist, erzählte mir mal in einem Interview, dass sie lieber mit den Bauarbeitern des Medienhauses, in dem sie arbeitet, rumhängt als mit ihren Kolleg*innen. Solche Situationen kenne ich. Zugehörig fühle ich mich wie gesagt nur im Dazwischen. Zwischen den Klassen. Es gibt sogar einen Begriff dafür: Er kommt von der französischen Soziologin Chantal Jaquet und heißt transclasse. Er beschreibt den Übergang zwischen den sozialen Klassen und berücksichtigt auch, dass der Übergang fließend ist und noch viel mehr als nur die Klassen eine Rolle spielt, zum Beispiel Geschlecht, sexuelle Orientierung, (Aus-)Bildung.

Zugehörig fühle ich mich zu den Menschen, die sich auch zwischen den Klassen bewegen. Die, die genau wie ich immer wieder die Angst haben, dass ihnen jemand auf die Schulter tippt und sagt: «Du gehörst hier aber nicht hin.» Deren Zuhause die Unsicherheit ist, die Unsicherheit, dazugehören zu dürfen, die Unsicherheit, gut genug zu sein.

Während meine Zugehörigkeit im Dazwischen liegt, ist meine Solidarität bei den Arbeiter*innen. Bei denen, die aus Erfahrung wissen, dass es nicht reicht, sich einfach nur stark genug anzustrengen. Bei denen, die wissen, dass sie sich auf Glück nicht verlassen können.

Geld mag ich weiterhin nicht, aber es gibt eine Funktion, die ich an Geld mögen kann: es zu teilen. Wie das gehen kann, zeigen die Autorin Sharon Dodua Otoo und

Ulla Schweitzer, lange Zeit in der Gründungs- und Geldberatung tätig, in einem öffentlichen Geld-Gespräch auf *Instagram*. «Ich wusste, das kann nicht sein», sagt Sharon Dodua Otoo, «dass mein ganzes Kartenhaus zusammenfällt, nur weil an dieser Stelle jetzt Geld fehlt.» Sie berichtet von einer Zeit, in der sie ein Buch schreiben wollte und musste, aber das Geld fehlte. «Ich habe gebraucht, dass sich das jemand anschaut und sagt: Ja, ich glaube an dich.» Diese Person war Ulla Schweitzer, die der mittlerweile mit dem Bachmann-Preis ausgezeichneten Autorin damals Geld lieh. Weil sie an sie glaubte und weil sie das Geld in dem Moment übrig hatte. Auch in diesem Gespräch geht es viel um Scham, um das Machtverhältnis zwischen einer Schwarzen Person und einer weißen Person und dem Machtverhältnis zwischen der Person, die gerade Geld hat, und einer, die es gerade braucht. In dem Geld-Gespräch sagt Ulla Schweitzer: «Ich träume von einem Fonds, in den Leute solidarisch einzahlen können und aus dem Leute, die gerade Geld brauchen, sich etwas rausnehmen können, bis sie wieder Geld haben. Irgendwie so, aber das ist auch relativ utopisch.» Ich weiß gar nicht, ob das so utopisch ist. Es gab immer wieder Versuche in diese Richtung. In den 1980er-Jahren zum Beispiel gründeten sich die Prolo-Lesben (Prolo für Proletariat, also Geringverdienende und von Armut Betroffene). Neben vielen anderen Aktivitäten richteten sie auch ein Umverteilungskonto ein. Auf das Konto zahlten reichere Lesben ein und andere, die Geld brauchten, konnten etwas abheben.[101] Beides anonym. Immerhin zwei Jahre hat das funktioniert.

Wenn wir wirklich offen über Geld sprechen, entsteht Verantwortung. Zumindest eine gefühlte. Denn ich glaube, fast alle Menschen fühlen, dass die aktuelle Verteilung von Geld ungerecht ist. Deshalb wollen auch viele reiche Menschen nicht im Detail über Geld sprechen. Neben den dringend erforderlichen politisch-systemischen Veränderungen können wir alle, nein, nicht alle, aber alle mit genug Geld, schauen, wie wir uns solidarisch verhalten können. Für Milliardäre hätte ich auf jeden Fall eine Idee (Geld abgeben). Es muss nicht unbedingt ein Umverteilungskonto sein (wobei ich die Idee gut finde), aber vielleicht können wir schauen, wer in unserem Umfeld gerade weniger Ressourcen (Geld oder Zeit) hat, und etwas von beidem, oder beides, leihen oder schenken. Geld macht ganz sicher nicht glücklich, aber Geld teilen schon. Ich glaube sogar, für beide Seiten. Sie kommen sich dadurch näher. Und ist es nicht das, was Menschen wollen?

Ich kann Geld besser annehmen, wenn ich daran denke, es zu teilen. Ich möchte nicht reich sein; ich möchte meinem Kind ein gutes Leben ermöglichen. Das setzt voraus, dass mein Leben auch ganz okay ist. Ich habe weiterhin Respekt vor Geld, es macht mir weiterhin Angst. Ich glaube, es gibt ein Zuviel. Und ich kann mir gut vorstellen, dass man selbst irgendwann den Punkt des Zuviels nicht mehr merkt, weil man sich daran gewöhnt hat. Ich werde mich an viel Geld und alles, was damit zusammenhängt, niemals gewöhnen.

Für eine berufliche Herausforderung mit guter Bezahlung (durch die ich meine Schulden bei Freund*innen endlich zurückzahlen kann) wechsele ich die Stadt und die Wohnung und habe für ein Jahr plötzlich einen Holzfußboden, den ich sonst nur von *Instagram*-Fotos kannte. Es fühlt sich fremd und unwirklich an, darauf zu laufen. Wie ein Kind, das in den Absatzschuhen der Mutter läuft. Wackelig. Ich schicke einer Freundin ein Foto von meinen Füßen auf dem Boden, vielleicht um mich selbst zu vergewissern, ein bisschen so wie Elisa. Meine Freundin antwortet: «Das hast du dir verdient.»

Nein, das kann ich nicht bestätigen. Ja, ich habe gearbeitet, seitdem ich 14 bin, in den verschiedensten Jobs. Habe mich, wie man so sagt, *hochgearbeitet*. Aber habe ich mir dadurch diesen Holzfußboden wirklich «verdient»? Hat sich das nicht jede*r verdient? Eine schöne Wohnung, genug Platz und Raum, einen schönen Fußboden, der sich richtig anfühlt? Muss man sich das «verdienen»?

Es ist in diesem Buch schon vielfach angeklungen: Nur selten hat es etwas damit zu tun, wie hart jemand arbeitet, ob diese Person wohlhabend ist oder wird. Für die allermeisten Menschen ist der Weg vorgezeichnet, je nachdem, in welche Familie sie geboren werden. Die, die finanziell und soziokulturell Glück hatten, wollen das oft nicht wahrhaben. Denn es würde ja bedeuten, sie hätten die Position, an der sie sind, nicht «verdient». Ich denke aber, wir sollten uns von dieser Erzählung des «Verdienens» verabschieden. Auch, weil sie zum Kapitalismus gehört, und von dem müssen wir uns sowieso verabschieden. Kein Mensch muss sich ein würdevolles Leben «verdienen». Es ist das Recht jeder einzelnen Person. Ein Leben in Würde muss für alle Menschen möglich sein.

Armutserfahrungen prägen, selbst wenn sie Jahre oder Jahrzehnte zurückliegen. So erklärt der Autor Olivier David in seinem Buch «Keine Aufstiegsgeschichte», wie die Erfahrung von Armut psychisch krank macht – nicht nur währenddessen, sondern langfristig, nachhaltig. «Arm bleibt arm», schreibt Ursula Estomac auf *Instagram.* Sie erklärt in einem Post, warum sie heute – erfolgreiche Wissenschaftlerin mit gut bezahltem Job – keine Kreditkarte für Dienstreisen bekommt. Alte Schufa-Einträge und ein Pfändungskonto verhindern das.

Arm bleibt arm – das stimmt aus meiner Perspektive nicht. Geld ändert ziemlich viel, wenn nicht sogar alles. Allerdings: Arm bleibt armutsgeprägt. Die Erfahrung der finanziellen oder soziokulturellen Ausgrenzung, die bleibt für ein Leben. Die Unsicherheit am Geldautomaten, ob er Geld gibt, die Hitzewallungen an der Kasse, ob die EC-Karte gedeckt ist, das flaue Gefühl im Magen, wenn man graue oder gelbe Briefe aus dem Postkasten fischt. Die wichtigen Bücher nicht gelesen zu haben, die Musik nicht zu kennen, das Theaterstück nicht gesehen zu haben. All das bleibt und prägt Menschen, selbst wenn sie zu einem anderen Zeitpunkt in gesicherten finanziellen Verhältnissen leben, sich ein Theater-Abo leisten können oder selbst auf Theater-Bühnen stehen oder sitzen. Ich kann eine Weile auf diesem Holzfußboden laufen, bleibe dabei aber wackelig – auch, weil ich weiß, wie schnell ich wieder auf anderem Boden laufen kann, ohne irgendwelche Rücklagen und komplett abhängig vom erarbeiteten Lohn. «Du gehörst hier nicht her» – das bleibt, auch wenn es anders wird.

Oft werde ich gefragt: Hättest du denn gerne studiert? Ja, klar! Jetzt, wo ich es mir langsam leisten könnte – wobei ich mir nicht ganz sicher bin, denn ich müsste ja nebenbei noch arbeiten und für mein Kind und mich sorgen, aber vielleicht würde es Teilzeit-Möglichkeiten geben? –, muss ich es aber nicht unbedingt nachholen. Gern hätte ich eine Zeit in meinem Leben gehabt, in der ich mich intensiv mit einem Thema auseinandergesetzt hätte. Politik zum Beispiel. Ein Politikwissenschaftsstudium, das klingt für mich wirklich traumhaft und nach *dem* Privileg. Heute weiß ich, dass ich stattdessen viele Erfahrungen gemacht habe, die auch für ein besonderes Wissen über Politik gesorgt haben. Ich weiß, was Politik bewirkt. Ich weiß, was Politik bewirken kann. Ich weiß, wie Politik sich anfühlt. Viel wichtiger als mein eigenes Politikstudium finde ich, dass alle Menschen, die Lust auf ein solches Studium haben, es machen können. Unabhängig davon, ob ihre Eltern Oberärztin oder Lkw-Fahrer sind. Unabhängig vom Kontostand ihrer Eltern und unabhängig vom Bücher- oder Plattenregal ihrer Eltern.

Wenn wir uns Möglichkeiten als ein Haus vorstellen, dann ist es aktuell so, dass dieses Haus viele Türen hat. Für einige gibt es Schlüssel, einige kann man öffnen, andere müssen geöffnet werden. Dafür muss man die richtigen Leute mit Schlüssel kennen. In manche Räume kann man von außen nur hineinschauen, wenn man einen Stuhl zum Draufsteigen mitbringt. Eine Räuberleiter ist auch in Ordnung, aber auch dafür muss man wieder jemanden kennen, der die Hände faltet unter dem Fuß. Dieses Haus steht in einer Straße, die gar nicht alle Menschen kennen.

Und genau da muss Politik ansetzen: Die Wegbeschreibung zum Haus muss allen zugänglich sein, inklusive Lageplan aller Räume. Das Wissen, dass es Möglichkeiten gibt, ist so wichtig. Und im besten Fall hätte dieses Haus auch gar keine Türen, sondern wäre geöffnet für alle, ohne Security am Eingang. Ein barrierefreies Haus.

Klar ist, dass es politische Veränderungen braucht. Daneben liegt der Zugang zu dem Haus der Möglichkeiten aber auch und vor allem an denen, die die Schlüssel in der Jackentasche haben. Hausmeister*innen, die so ein großes Schlüsselband am Gürtel hängen haben, das Geräusche bei jedem Schritt macht. Menschen, die diese Schlüssel tragen, sind Menschen mit Geld, Menschen mit Macht, Menschen mit Status und Einfluss. Das können Lehrende sein, Chef*innen, Abteilungsleiter*innen, Meister*innen, Klassensprecher*innen. In welcher Situation wir machtvoll sind, ist verschieden und kann sich auch verändern. Wenn ich mit dem Bundeskanzler zusammensitze (okay, kommt nicht so oft vor), ist er in der Position, in der er mehr Einfluss hat. Wenn ich ein Redaktionsteam leite, habe ich mehr Einfluss auf die Arbeitsbedingungen als die Praktikantin. Um mehr Verteilungsgerechtigkeit zu haben, sollten wir in jeder Position, in die wir kommen, überprüfen: Für wen kann ich diesen Raum jetzt noch aufschließen? Was kann ich an diesem Raum verändern, sodass mehr Menschen darin Platz haben? Welche Stühle muss ich hinstellen, damit es mehr Menschen bequem haben? Oder vielleicht lieber eine Liege? Wie spreche ich in diesem Raum, damit mich alle verstehen? Oder noch besser: Wer könnte hier noch sprechen, damit ich nicht die ganze Zeit rede? Wem leihe oder schenke ich das Geld für den Bus, der zu diesem Raum fährt? Im besten Fall lade ich Menschen ein, die nicht genau so sind wie ich selbst, sondern Menschen, die von diesem Raum noch nie etwas gehört haben.

Bei der Umverteilung geht es um Macht, um Räume und um Geld. In dem Haus der Möglichkeiten ist Platz für alle und auch genug Geld für alle.

Ich hasse Geld, weil es ungerecht verteilt ist. Und das lässt sich ändern.

DANKSAGUNG Vielen Dank an alle, die mit mir über Geld gesprochen haben. Erwin Husel, Sara Baumgarten, Lukas Krämer, António Fernandes Coelho, Elisa, Sven Faltin, Marlene Engelhorn, meine Eltern und alle, die nicht namentlich erwähnt werden. Danke für das Vertrauen.

Vielen Dank für Geld, Zeit, Ermutigung oder ein Zimmer für mich allein: Laura Ewert, Uta Geyer, Oğuz Yılmaz, Nicole von Horst, Nomi Strathus, Thorben Kaiser, Aylin Karabulut, Maria-Christina Piwowarski, Marie-Kathrin Krimphoff, Susann Koschmieder, Poliana Baumgarten, Christian Dittloff, Alena Schröder, Till Raether, Daniel Drepper, Sophie Maeve Rauscher, Karin Lubenau, Kamilla Richter, Asal Dardan, Daniela Dröscher, Katharina Fiedler, Ninia LaGrande, Pamela Kamper, Eszter Jakab, Anne-Kathrin Gerstlauer, Şeyda Kurt, Josephine Apraku, Liz Birk-Stefanovic, Daniel Schulz, Jacqueline Krause-Blouin, Marcella Hasters, Nadire Biskin, Francis Seeck, Jasmin Dickerson, meine Steuerberaterin, Tilman Winterling, Marija Latković, Jasmin Schreiber, Daniel Nowak und die Mitarbeitenden im Restaurant Berlin Phố.

Vielen Dank an Ulrike Melzer, Gila Keplin, Gwendolyn Simon und ganz besonders an Julia Vorrath.

Vielen Dank an alle, für die Solidarität mehr ist als ein Wort.

ANHANG

LITERATUR Eine persönliche Bücherliste, die Sie nicht gelesen haben müssen. Nicht alle zitiere ich in diesem Buch, aber alle haben dazu beigetragen, meine Gedanken zu entwickeln.

Elisa Aseva: Über Stunden: Posts. Berlin 2021.

Maria Barankow, Christian Baron (Hg.): Klasse und Kampf. Berlin 2021.

Nadire Biskin: Ein Spiegel für mein Gegenüber. München 2022.

Christina von Braun: Der Preis des Geldes. Berlin 2012.

Carolin Butterwegge, Christoph Butterwegge: Kinder der Ungleichheit. Frankfurt am Main 2021.

Olivier David: Keine Aufstiegsgeschichte. Hamburg 2022.

Daniela Dröscher, Paula Fürstenberg (Hg.): check your habitus. Berlin 2021.

Julia Friedrichs: Wir Erben. München / Berlin 2015.

Maja Göpel: Unsere Welt neu denken. Berlin 2020.

Frigga Haug: Die Vier-in-einem-Perspektive. Politik von Frauen für eine neue Linke. Hamburg 2008.

bell hooks: Die Bedeutung von Klasse. Münster 2020.

Frede Macioszek, Julian Knop: Klassenfahrt. Münster 2022.

Anna Mayr: Die Elenden. München 2020.

Hartmut Rosa, Niko Paech, Friederike Habermann, Frigga Haug, Felix Wittmann, Lena Kirschenmann: Zeitwohlstand. München 2013.

Martin Schürz: Überreichtum. Frankfurt am Main 2019.

Francis Seeck, Brigitte Theißl (Hg.): Solidarisch gegen Klassismus. Münster 2020.

Francis Seeck: Zugang verwehrt. Keine Chance in der Klassengesellschaft: wie Klassismus soziale Ungleichheit fördert. Zürich 2022.

ANMERKUNGEN UND ENDNOTEN

Teile des Textes sind vorab erschienen in «Mein Leben ohne Harvard-Hoodie» in «Klassenfahrt», herausgegeben von Julian Knop und Frede Macioszek, edition assemblage, 2022.
«Wie ich versuchte, Geld nicht mehr zu hassen», Podcast «Was Macht macht», Zeit Online, 2018.
«Soll & Habitus», herausgegeben von Daniela Dröscher und Paula Fürstenberg, 2021.

Alle Internetquellen zuletzt abgerufen am 26. Juni 2022.

1 «cis» bedeutet, meine Geschlechtsidentität und das mir bei meiner Geburt zugewiesene Geschlecht sind deckungsgleich.

2 www.zeit.de/wirtschaft/2021-02/soziale-ungleichheit-armut-reichtum-schichten-rechner-studie-deutschland

3 www.wochenblatt.de/archiv/das-waren-marcel-reich-ranickisbesten-sprueche-71562

4 Herbert Giersch: Allgemeine Wirtschaftspolitik. Grundlagen, Wiesbaden 1960, zit. nach www.dwds.de/r/?q=Geld+macht+nicht+glücklich&corpus=kern&date-start=1900&date-end=1999&genre=Belletristik&genre=Wissenschaft&genre=Gebrauchsliteratur&genre=Zeitung&format=full&sort=date_desc&limit=50

5 www.spiegel.de/kultur/geld-bringt-geld-a-659970a2-0002-0001-0000-000045124330

6 www.geo.de/geolino/redewendungen/8765-rtkl-redewendung-geld-stinkt-nicht

7 www.wie-sagt-man-noch.de/zitat/23318/%C2%BBdas+geld+liegt+auf+der+strasse,+man+braucht+sic.html

8 https://gutezitate.com/zitat/199806

9 www.aphorismen.de/zitat/195917
Dudenredaktion (Hg.): *Duden, Redewendungen.* Wörterbuch der deutschen Idiomatik. In: *Der Duden in zwölf Bänden.* 3., überarbeitete und aktualisierte Auflage. Band 11, Dudenverlag, Mannheim / Leipzig / Wien / Zürich 2008, Seite 899

10 bankenverband.de/blog/geld-spruchreif-das-steckt-hinter-unseren-redewendungen-teil-3/

11 www.zitate.eu/autor/jean-paul-getty-zitate

12 www.britannica.com/biography/J-Paul-Getty

13 www.spiegel.de/geschichte/entfuehrung-von-john-paul-getty-iii-a-951191.html

14 www.dwds.de/wb/das%20letzte%20Hemd%20hat%20keine%20Taschen

15 In Georg Henischs Wörterbuch «Teütsche Sprach und Weißheit», in ähnlicher Form kommt sie auch in der Oper «Margarete» von Charles Gounod vor, hier heißt es «im Rondo vom goldenen Kalb»: «Ja, Gold regiert die Welt», Duden. Wer hats gesagt? Berühmte Zitate und Redewendungen, Mannheim 2010, S. 84

16 Michael Vaupel, Vivek Kaul: Die Geschichte(n) des Geldes. Von der Kaurischnecke zum Goldstandard – So entwickelte sich das Finanzsystem, Kulmbach 2016, S. 17

17 Ebd., S. 16

18 Ebd., S. 20–21

19 www.deutschlandfunkkultur.de/das-unbewusste-des-geldes-100.html

20 Christina von Braun: Der Preis des Geldes, Berlin 2012, S. 373

21 Amartya Sen: Ökonomie für den Menschen. Wege zur Gerechtigkeit und Solidarität in der Marktwirtschaft, München 2002, S. 110

22 Christoph Butterwegge: Armut. Basiswissen Politik / Geschichte / Ökonomie, Köln 2016, S. 11

23 www.diw.de/de/diw_01.c.411565.de/armut.html

24 www.sueddeutsche.de/projekte/artikel/wirtschaft/einkommensverteilung-in-deutschland-wer-hat-wie-viel-e557028/

25 Vgl. Butterwegge 2016, S. 14

26 «In einem reichen Land verhältnismäßig arm zu sein kann die Verwirklichungschancen selbst dann extrem einengen, wenn das absolute Einkommen gemessen am Weltstandard hoch ist», schreibt Amartya Sen in «Ökonomie für den Menschen», zitiert nach: Butterwegge 2016. S. 40

27 Butterwegge 2016, S. 13

28 www.deutschlandfunk.de/lebenserwartung-wie-armut-und-gesundheit-zusammenhaengen-100.html

29 www.aerzteblatt.de/nachrichten/106639/Armut-geht-mit-verringerter-Lebenserwartung-einher

30 daserste.ndr.de/panorama/archiv/2017/Lebenserwartung-Wer-wenig-hat-ist-frueher-tot,armreich106.html

31 www.rki.de/DE/Content/Gesundheitsmonitoring/Gesundheitsberichterstattung/GBEDownloadsGiD/2015/03_gesundheit_in_deutschland.pdf?__blob=publicationFile

32 www.destatis.de/DE/Presse/Pressemitteilungen/2021/03/PD21_106_621.html

33 Butterwegge 2016, S. 11 f.

34 Jürgen Roth: Absturz. Das Ende unseres Wohlstands, München 1997, S. 110

35 «Ein Prozent besitzt ein Drittel», www.boeckler.de/de/boeckler-impuls-ein-prozent-besitzt-ein-drittel-6923.htm

36 «MillionärInnen unter dem Mikroskop», www.diw.de/de/diw_01.c.793802.de/publikationen/wochenberichte/2020_29_1/millionaerinnen_unter_dem_mikroskop__datenluecke_bei_sehr_ho___geschlossen______konzentration_hoeher_als_bisher_ausgewiesen.html#section4

37 «Wir ahnen oft gar nicht, wie reich manche sind», Interview mit Simone Schneider, 25. Februar 2022, https://www.sueddeutsche.de/muenchen/

muenchen-max-planck-institut-ungleichheit-reichtum-gerechtigkeit-1.5535257?reduced=true

38 Fessler / Schürz: «Zur Mitte in Österreich», zitiert in «Überreichtum» von Martin Schürz, Frankfurt am Main, 2019, S. 29

39 Martin Schürz: «Überreichtum», Frankfurt am Main, 2019, S. 10

40 «Es geht uns nicht um Boykott, sondern um Transparenz» von Nina Monecke, www.zeit.de/zett/politik/2021-03/ns-familiengeschichte-instagram-diskussion-nazihintergrund-moshtari-hilal-sinthujan-varatharajah/komplettansicht

41 «Folgt der Spur des Geldes» von Yossi Bartal, www.freitag.de/autoren/der-freitag/folgt-der-spur-des-geldes

42 «Die Hälfte aller Erbschaften und Schenkungen geht an die reichsten zehn Prozent aller Begünstigten», www.diw.de/de/diw_01.c.809832.de/publikationen/wochenberichte/2021_05_1/haelfte_aller_erbschaften_und_schenkungen_geht_an_die_reichsten_zehn_prozent_aller_beguenstigten.html

43 «Milliardäre sind die Pandemiegewinner», www.diw.de/de/diw_01.c.818535.de/nachrichten/milliardaere_sind_die_pandemiegewinner.html

44 «Armutsbericht 2021», www.der-paritaetische.de/fileadmin/user_upload/Schwerpunkte/Armutsbericht/doc/broschuere_armutsbericht-2021_web.pdf, S. 8

45 Katharina Pistor: Der Code des Kapitals – Wie das Recht Reichtum und Ungleichheit schafft, Berlin 2020, Seite 28

46 Ebd.

47 «Volontariat ohne Studium: mehr Utopie als Realität», medieninsider.com/volontariat-ohne-studium-realitat-oder-utopie/9932/

48 Francis Seeck: Solidarisch gegen Klassismus, Münster 2020, S. 18

49 Ders.: Zugang verwehrt, Zürich 2022, S. 51

50 bell hooks: Die Bedeutung von Klasse, Münster 2020, S. 168

51 www.destatis.de/DE/Presse/Pressemitteilungen/2021/02/PD21_066_639.html

52 www.tafel.de/fileadmin/media/Presse/Hintergrundinformationen/2022-04-19_Zahlen_und_Fakten.pdf

53 https://www.zeit.de/sinn/2022-06/tafel-deutschland-lebensmittel-beduerftige-armut

54 www.ssoar.info/ssoar/bitstream/handle/document/39454/ssoargender-2011-1-lutz_et_al-Das_Care-Chain-Konzept_auf_dem_Prufstand.pdf?sequence=1&isAllowed=y&lnkname=ssoar-gender-2011-1-lutz_et_al-Das_Care-ChainKonzept_auf_dem_Prufstand.pdf

55 www.spd.de/fileadmin/Dokumente/Koalitionsvertrag/Koalitionsvertrag_2021-2025.pdf

56 https://enorm-magazin.de/gesellschaft/gleichstellung/inklusion/werkstaetten-fuer-behinderte-menschen-warum-das-system-nicht-inklusiv-ist

57 Hubert Hüppe: «Werkstätten» im Konflikt mit dem Grundgesetz, in: Heinrich Greving, Ulrich Schreibner (Hg.): Werkstätten für behinderte Menschen. Sonderwelt und Subkultur behindern Inklusion, Stuttgart 2021, S. 36

58 Leichte Sprache ist leichter zu lesen. Texte in Leichter Sprachen haben einfache Wörter. Sie haben kurze Sätze. Leichte Sprache ist gut für Menschen mit Lernschwierigkeiten. Aber auch für Menschen, die gerade Deutsch lernen.

59 www.institut-fuer-menschenrechte.de/das-institut/monitoring-stelle-un-brk/die-un-brk

60 twitter.com/mittagsmagazin/status/1314570467588608000?s=20&t=jPl-hVF3rTWTIeVLQgyZXw

61 Hubert Hüppe: «Werkstätten» im Konflikt mit dem Grundgesetz, in: Heinrich Greving, Ulrich Schreibner (Hg.): Werkstätten für behinderte Menschen. Sonderwelt und Subkultur behindern Inklusion, Stuttgart 2021, S. 50 f.

62 Ebd.

63 https://enorm-magazin.de/gesellschaft/gleichstellung/inklusion/werkstaetten-fuer-behinderte-menschen-warum-das-system-nicht-inklusiv-ist

64 www.brandeins.de/magazine/brand-eins-wirtschaftsmagazin/2016/das-neue-verkaufen/werkstattbericht

65 Haftbefehl ist der Künstlername von Aykut Anhan, einem der erfolgreichsten Musiker und Rapper Deutschlands

66 Zitiert nach: «Volles Risiko», Christoph Cadenbach, SZ Magazin, 1. April 2022, S. 16–24

67 Zahlen für April 2021, laut Pressemitteilung Statistisches Bundesamt vom 20. Dezember 2021

68 «Lieferando buhlt um Fahrer», www.tagesschau.de/wirtschaft/unternehmen/lieferando-fahrer-erhalten-smartphones-fahrraeder-101.html

69 «Arbeitskampf bei Lieferando – Was wollen die eigentlich?», socialdebates.de/grundsatz/arbeitskampf-bei-lieferando-was-wollen-die-eigentlich/

70 «Masterabsolvent in der Krise: ‹Ich habe nicht sechseinhalb Jahre studiert, um mich jetzt als Pizzalieferant zu bewerben›», www.spiegel.de/start/corona-krise-master-absolvent-philipp-findet-keinen-job-a-9923687c-158e-4f68-b376-fd029ab05fbc

71 www.bpb.de/themen/deutsche-einheit/lange-wege-der-deutschen-einheit/47242/der-lange-weg-zur-einheit-die-entwicklung-derarbeitslosigkeit-in-ost-und-westdeutschland/

72 www.wsi.de/de/einkommen-14582-einkommen-im-regionalen-vergleich-40420.htm

73 Zitiert nach: «Neid weist auf einen eigenen Mangel hin», Anne-Ev Ustorf in: Psychologie heute compact, Heft 59. Beltz 2019, S. 67

74 «Sollen wir die Menschen hungern lassen, damit etwas passiert?», www.zeit.de/sinn/2022-06/tafel-deutschland-lebensmittel-beduerftige armut/ komplettansicht

75 www.youtube.com/watch?v=aPhrTOg1RUk

76 «MillionärInnen sind zufriedener mit ihrem Leben als der Durchschnitt der Bevölkerung», www.diw.de/de/diw_01.c.793804.de/publikationen/wochenberichte/2020_29_2/millionaerinnen_sind_zufriedener_mit_ihrem_leben_als_der_durchschnitt_der_bevoelkerung__interview.html

77 «Es ist offiziell: Geld verdirbt den Charakter», Corinna Mayer, http://vermoegenskultur.sfu.ac.at/data/TD_Krautreporter_2018.pdf

78 Marlene Engelhorn im Interview bei Jung & Naiv: www.youtube.com/watch?v=n6a1v9cn_Ad

79 Ebd.

80 «Das Erbvolumen in Deutschland dürfte um gut ein Viertel größer sein als bisher angenommen», Anita Tiefensee und Markus M. Grabka, www.diw.de/documents/publikationen/73/diw_01.c.560982.de/17-27-3.pdf

81 www.diw.de/de/diw_01.c.809832.de/publikationen/wochenberichte/2021_05_1/haelfte_aller_erbschaften_und_schenkungen_geht_an_die_reichsten_zehn_prozent_aller_beguenstigten.html

82 www.diw.de/de/diw_01.c.613729.de/nachrichten/ein_chancenerbe_fuer_alle.html

83 Ebd.

84 Armutsgefährdungsquoten 2019, www.bpb.de/kurz-knapp/zahlen-und-fakten/soziale-situationin-deutschland/61791/armutsgefaehrdungsquoten-von-familien/

85 bell hooks «Die Bedeutung von Klasse» Münster 2020, S. 171

86 «Pandemie, Krieg, Energiekrise: Müssen die Reichen mehr zahlen?», Sendung *13 Fragen*, www.zdf.de/kultur/13-fragen/reiche-13f-104.html

87 bell hooks: Die Bedeutung von Klasse, Münster 2020, S. 73

88 300 Euro Kinderbonus wurden im Sommer 2020 pro Kind an Familien ausgezahlt. Ausgeglichen werden sollten damit die Mehrbelastungen durch die Corona-Pandemie. Ich bezeichne es als «Schweigegeld», weil die 300 Euro die Mehrbelastungen von Familien (Betreuung, Masken, Jobreduktion und manchmal auch Jobverlust) nicht ausgeglichen haben.

89 «Es geht immer nur darum, dass Frauen sich ändern sollen», Zeit online, 18. April 2022, https://www.zeit.de/arbeit/2022-03/frauen-selbstbewusst seinconfidence-culture-shani-orgada-ros-gill

90 Ebd.

91 www.welt.de/wirtschaft/article237448411/Die-Netz-CheckerinWenn-die-feministische-Finanzberatung-mehr-als-ein-Monatsgehalt-kostet.html

92 «Es geht immer nur darum, dass Frauen sich ändern sollen», Interview von Kati Krause, www.zeit.de/arbeit/2022-03/frauen-selbstbewusstsein-confidence-culture-shani-orgada-ros-gill?

93 Ebd.

94 Daniela Dröscher und Paula Fürstenberg (Hg.): check your habitus, Sukultur 2021, S. 38

95 «Das gebrochene Aufstiegsversprechen», 3. Dezember 2021, https://www.zeit.de/wirtschaft/2021-12/mittelschicht-aufstieg-bildung-einkommen

96 «Die größten Wasserschlucker Deutschlands», Annika Joeres, Gesa Steeger, Katarina Huth, 24.06.2022, https://correctiv.org/aktuelles/klimawandel/2022/06/24/wasser-verbrauch-unternehmen-private-haushalte/

97 Maja Göpel: «Her mit der besseren Zukunft», Vortrag auf der re:publica 2022, https://www.youtube.com/watch?v=Ylql_4epV-Y

98 Martin Schürz: Überreichtum, Frankfurt am Main 2019, S. 13

99 Abdruck mit freundlicher Genehmigung der Musikerin.

100 «Nicht alles muss politische Praxis sein», Ebow im Interview, 21.02.2022, www.zeit.de/kultur/musik/2022-03/ebow-rapperin-cane-selbstbestimmung-interview/seite-2

101 www.digitales-deutsches-frauenarchiv.de/akteurinnen/die-proll-lesbengruppen